本书由吉林省发展和改革委员会项目"基于互联网视角的农产品供应链优化研究"（项目编号：2016c076）资助。

吉林省农业发展与结构优化

——以绿色发展为背景

王金翎　于春荣　著

中国社会科学出版社

图书在版编目（CIP）数据

吉林省农业发展与结构优化：以绿色发展为背景／王金翎，于春荣著.
—北京：中国社会科学出版社，2022.5
ISBN 978 - 7 - 5227 - 0278 - 0

Ⅰ.①吉⋯　Ⅱ.①王⋯②于⋯　Ⅲ.①农业产业—产业发展—
研究—吉林　Ⅳ.①F327.34

中国版本图书馆 CIP 数据核字（2022）第 091587 号

出 版 人	赵剑英
责任编辑	王　衡
责任校对	王　森
责任印制	王　超

出　　　版	中国社会科学出版社
社　　　址	北京鼓楼西大街甲 158 号
邮　　　编	100720
网　　　址	http://www.csspw.cn
发 行 部	010 - 84083685
门 市 部	010 - 84029450
经　　　销	新华书店及其他书店

印刷装订	北京明恒达印务有限公司
版　　　次	2022 年 5 月第 1 版
印　　　次	2022 年 5 月第 1 次印刷

开　　　本	710×1000　1/16
印　　　张	11.5
字　　　数	172 千字
定　　　价	59.00 元

凡购买中国社会科学出版社图书，如有质量问题请与本社营销中心联系调换
电话：010 - 84083683

序

从经济学的角度看人类社会的发展，18 世纪 60 年代可看作一个重要的分界点。在这个时间点上发生了人类历史上第一次产业革命，人类的生产方式因而发生颠覆性改变，由机器大工业替代了传统工场手工业，社会产出和财富都实现了前所未有的巨大增长。在这次产业革命发生之前，生活在不同大洲的人们的生活水平和生产效率并不存在特别明显的差异。人类社会以较为缓慢的发展速度存在于这个蓝色的星球。我们所居住的自然环境也并未受到特别强烈而明显的改变。而这次产业革命发生以后，以及紧随其后的第二次、第三次产业革命极大地提高了劳动生产率，人类社会的发展速度超越了之前所有年代，积累的财富也大于之前几千年创造财富的总和。然而，不可否认的事实是人类财富的产生与积累是以资源的巨大消耗为代价的。250多年后，仍然生活在这个星球上的人们面临的问题是极端的气候变化、工业生产带来的污染以及某些不明原因却广泛传播的疾病，例如直到今天仍未消失的新冠病毒，连自诩是全世界最发达国家的总统都未能幸免。全球累计感染的人数已达数千万人，而且每天仍在不断增长。这些均可看作人类发展过程中不得不面对的危机。当然，这些危机发生的原因并不是上述提到的产业革命，而是人类对自身所拥有的资源的过度索取，对与我们相依共存的大自然的过度破坏。1750 年至今，全球累计排放二氧化碳 1.1 万吨，大气成分的变化引起全球气候变化，沙尘、雾霾、洪水、干旱等极端天气频繁发生。由此而产生的多米诺骨牌效应表现愈加明显。

2006 年第 6 期的《环境保护》发表了王金南、曹东、陈潇君的论文，文中指出，面对我国经济发展过程严竣的环境压力，要实现绿色转变，就必须制定国家绿色发展战略规划。[①] 此后，绿色发展指标体系的建立、包括绿色发展在内的五大发展理念的提出、中外绿色发展图谱的绘制等，这些与绿色发展相关的概念和理念的相继出现，是环境问题的倒逼，也是对人类过度行为的警示，当然也体现了中国的大国担当和责任感。

绿色发展以效率、和谐、持续为目标，要求改变传统的、粗放型的、大量消耗资源的发展方式，借助技术创新，对传统产业加以改造升级，在人类拥有的资源承载能力和生态环境容量中实现经济社会与生态的和谐共生。绿色发展涉及国民经济体系内的各领域、各产业，在国民经济体系中的各个产业，农业发展关系到国民的基本生存需要，关系到人类的可持续发展，因此尤其需要将绿色发展这一理念深入到农业的产业发展之中。

1978 年我国实行改革开放战略以来，经济发展水平不断提升，经济总量早已位于世界第二，仅列于美国之后，但是，发展过程中各类问题却层出不穷，其中的食品安全问题直接影响国民生存质量的提高和生存状态的改善。食品安全问题有悖于可持续发展和绿色发展理念，而与该问题直接相关的产业即是农业，可见农业的发展在国民经济中占有重要地位。

吉林省是东北老工业基地的重要组成部分。改革开放 40 多年来，农业一直在吉林省的经济社会发展中占有重要地位。近年来，环境状况的恶化也冲击着吉林省农业的发展，同时也对吉林省农业提出更严峻的挑战。绿色发展理念的提出，为吉林省农业发展提出了新的要求，也使其面临新的机遇。本书以绿色发展为背景，纵横捭阖，全面阐述吉林省农业产业发展与产业结构的变化，借助数据和相关资料以

---

① 王金南、曹东、陈潇君：《国家绿色发展战略规划的初步构想》，《环境保护》2006 年第 6 期。

及发达国家的经验分析，从纵向和横向切入，深入剖析吉林省农业与绿色发展要求的差距，同时从农业发展的宏观、中观和微观三个层次，分析吉林省农业整体及农业产业内部农、林、牧、渔业的发展及其结构问题，分析农业与其他产业的关联效应、扩散效应等农业合理化、高度化、生态化等农业产业结构的调整与优化问题，分析农业生产主体存在的问题，并挖掘其中存在的原因，同时，借鉴美国、日本、以色列等农业发达国家的农业生产经验，最后从全书的角度，努力给出绿色背景下，优化吉林省农业产业结构，促进农业发展的具体对策建议。

本书出稿之时，正值我国包括吉林省"十四五"规划的开局之年。吉林省提出"十四五"时期，"现代农业'三大体系'加快完善，粮食综合生产能力迈上 800 亿斤新台阶，率先实现农业现代化取得重大突破……"①

希望本书能够对吉林省农业发展上述目标的实现有一定的帮助。

---

① 《吉林省"十四五"规划和 2035 年远景目标建议》。

目　　录

第一章

绪　　论

第一节　研究背景与研究意义

一　研究背景

中国有句古话，"民以食为天"，说明了食物在人类生存与发展中的重要地位，而农业是食物生产的源头，农业对于国家和社会的重要程度不言而喻。基于此，中国古代帝王始终把农业立为"本"。即使在现代社会，虽然从各国的发展经验来看，大部分国家的农业产值占GDP的比重都表现出下降趋势，但任何一个国家都仍然重视农业，保护农业，就是因为农业是人类生存和发展的基础，是其他各产业发展的前提，为其他产业提供原材料。

然而，与其他产业区别最为明显的就是农业对于土地、温度、光照、空气、水分等自然条件的依赖。我国的江南地区之所以成为鱼米之乡，就得益于其适宜的农业生产环境。当环境受到污染、自然条件发生变化，特别是遭到破坏时，农业发展必然会受到影响。

18世纪中期工业革命发生以前，人类对于自然资源的使用规模还相对较少，对于人类生产、生活产生的各种负外部产品，诸如废气、废水等，还在自然承载力范围以内。1760年以后，以"蒸汽机""机器"和"电子计算机"等为标志的三次工业革命的发生，人类的劳动生产率获得了极大提高，生产规模不断扩大，产出不断增加，人类在生产和消耗了大量产品之时，也消耗了可观的资源。在这个过程中，生产生活中的负产品总量与日俱增。在只注重数量而忽略质量的发展模式下，每单位产品的能耗呈现上升趋势。废水流入河流、渗入地下，污染了土地与地上、地下水资源；废气排放至大气中，使空气不再清新，过量二氧化碳的排放提高了地表温度，产生的温室效应影响着地球上的任何生物……自然已经无法自我消化，在超过其承载力极限的时候，洪水、地震、火灾、疾病成为大自然给人类以教训的具体表现。而在所有这些发生的过程中，农业总是最先受到影响，遭到破坏。当农业产出的数量和质量因之而减少和降低之时，人类的生存与发展必将遭遇灭顶之灾。

但是，稍感庆幸的是，还是有少数人意识到了可能发生更加严重后果的事实。20 世纪 70 年代，可持续发展理念终于被提出。该理念的提出，是一种预警，也为农业的发展提供了更加温和、友好的土壤。

改革开放 40 多年，我国经济快速发展，2010 年超过日本成为世界第二大经济体。我国在经济总量迅猛增加的同时，既消耗了大量的资源，也对身处的自然环境造成了巨大破坏。我国境内所有河流都存在较为严重的污染，土壤中重金属超标严重，空气中充斥着汽车尾气和烟尘等可吸入颗粒，林木被乱砍滥伐，草场沙化，雾霾频发。经济发展的代价就是要修复不断受到损害的环境。2006 年，中国工程院院士王金南等人，指出中国经济发展要实现绿色转变，就必须制定国家绿色发展战略规划的构想[①]；2006 年，杨多贵、高飞鹏通过分析绿色发展指数与经济发展水平的关系，建立了绿色发展指标体系[②]；2015年，党的十八届五中全会通过了《中共中央关于制定国民经济和社会发展第十三个"五年规划"的建议》，将绿色发展与创新、协调、开放、共享等发展理念一起共同构成五大发展理念；2017 年，党的十九大报告明确指出：加快建立绿色生产和消费的法律制度和政策导向，

---

① 王金南、曹东、陈潇君：《国家绿色发展战略规划的初步构想》，《环境保护》2006年第 6 期。

② 杨多贵、高飞鹏：《绿色发展道路的理论解释》，《科学管理研究》2006 年第 5 期。

建立健全绿色低碳循环发展经济体系。[①] 2018 年，江苏大学科研团队首次绘制了中外绿色发展知识图谱。[②] 国家相关文件和政策的出台标志着绿色发展成为未来中国发展的目标和趋势。如今，距绿色发展战略规划构想的提出已经近 15 年，绿色发展理念在国家经济各领域得以广泛渗透，绿色出行、绿色消费等正在成为人们热衷的生活方式。在绿色发展的大背景下，农业将如何发展，是值得我们每一个人深入思考的问题。

因为，这不仅关乎中国的命运与未来，也关乎人类的命运、地球的未来。

有史以来，农业在吉林省一直处于重要地位。吉林省以其丰富的自然资源，滋养着生活在此地的民众。新中国成立之后，吉林省和黑龙江省与辽宁省共同构成了我国的工业基地。与此同时，吉林省以其地缘优势产出大量稻谷、玉米、大豆等农作物，被称为农业大省。改革开放以后，随着吉林省经济社会的不断发展及产业结构调整，农业在国民经济体系中的比重呈现下降趋势，但农业仍然在吉林省各产业中占据重要位置。近几年来，东北三省的经济增长水平落后于国内其他省份。尤其是吉林省，2019 年地区生产总值在全国排名第 26 位。一直以农业大省自居的吉林省农业发展并不乐观，除了粮食产量在全国位列第七之外，农业内部其他产业在全国最好的排名也仅处于中游，其他都在下游徘徊。这对于整体经济属于中下游的吉林省来说，找到发展农业的突破点，是当下必须面对的重要课题。绿色发展理念的提出为吉林省农业既提供了机遇，又提出了必须面对的挑战。

---

① 习近平：《决胜全面建成小康社会　夺取新时代中国特色社会主义伟大胜利——在中国共产党第十九次全国代表大会上的报告》，中华人民共和国中央人民政府 2017 年 10 月 27 日。

② Xingwei Li, Jianguo Du and Hongyu Long, A Camparative Study of Chinese and Foreign Green Development from the Perspective of Mapping Knowledge Domains, Sustainability, Volune 10, Issne 12, 2018, p. 4357.

二 研究意义

一直以来，吉林省都以农业大省自居，但在近年来的发展过程中，与国内其他省份相比，吉林省经济发展出现下行趋势。2019 年、2020 年连续两年，吉林省 GDP 总量在全国 31 个省、自治区和直辖市中排名第 26 位，位于吉林省之后的省份是甘肃、海南、宁夏、青海和西藏等，基本上都地处西部地区。排名第一的广东省地区生产总值总量是吉林省 GDP 总量的 9.18 倍和 8.99 倍[①]。2019 年，吉林省地区生产总值仅相当于广州市 GDP 总量的 46.87%[②]，较 2018 年的 65.95%[③]进一步减少。即使在东北地区，吉林省 GDP 排名也位列最后，其中辽宁省全国排名第 16 位，黑龙江省排名第 25 位。吉林省经济发展水平下行是不容回避的事实，这与"重要的工业基地"和"商品粮基地"等身份极不相符。随着我国经济社会的快速发展，各地区的非均衡发展日益突出，发达地区与不发达发区的差距愈加明显，吉林省面临巨大的经济发展压力。

受近几年人口外流的影响，吉林省农业人口不断减少，农业机械化水平有待进一步提高，农用土地改革正在进行，吉林省距离农业现代化的目标还有很大距离。与此同时，农业发展中产生的环境污染、农产品安全性等问题也频频出现，本书的研究意义主要体现在以下几个方面：

（一）有利于绿色发展理念的传播

绿色发展理念强调的是与环境的和谐，农业本身的特点决定了与其他产业相比，农业是与自然关联关系最为密切的产业，其产品依赖于土壤、光照、水资源等自然资源，而农业在生产过程中对于化肥、农药的过度使用及不当的机械化操作反而使这一依托于自然的产业对

---

① 依据 2020 年和 2021 年《中国统计年鉴计》算得出。

② 依据 2020 年《中国统计年鉴》和 2020 年《广州市国民经济和社会发展统计公报》计算得出。

③ 依据 2019 年《中国统计年鉴》和 2019 年《广州市国民经济和社会发展统计公报》计算得出。

自然造成了直接的破坏。例如，土地营养成分的丧失、土壤板结、林木的过度采伐等，这些行为及其后果与绿色发展理念相悖。本书在分析吉林省农业发展的过程中，探讨如何采取有效方法做到农业发展与自然的和谐共生。这对于绿色发展理念的进一步传播有着重要的现实意义。

（二）有利于深刻认识吉林省农业的发展现状

在各种文献或相关报道中，吉林省经常被描述为"农业大省"，这样的界定是否符合现实？本书在写作过程中，结合各类与农业相关的数据，对吉林省农业进行了纵向与横向的剖析，探讨了农业与其他产业的关系，农业内部各细分产业的发展等内容，有利于正确认识吉林省农业在国民经济中以及在国家农业发展中的地位，从而有助于采取适合吉林省农业现实与现状的对策，有助于吉林省农业发展。

（三）有利于推进吉林省农业产业结构优化

提高农业发展水平，实现农业现代化，必须提高农业产业自身的合理化、高级化和生态化水平。本书通过分析吉林省农业与其他产业的关系，分析农业在产业结构中的具体地位，详细剖析农业内部农、林、牧、渔等各细分产业的发展并分析其存在问题，为各细分产业的高级化与生态化发展提供发展思路与对策，有助于吉林省农业产业结构的优化，推动吉林省经济发展水平的提高。

本书较为全面地分析了吉林省农业发展与产业结构优化问题，对于转变农业发展理念，推动农业产业结构的合理化、高级化与生态化，实现吉林省农业现代化，促进吉林省农业发展有很强的现实意义。

第二节 相关概念的界定

一 绿色发展

（一）绿色发展提出的背景

18 世纪 60 年代发生于英国的第一次工业革命（即产业革命）使

人类的生产及生活方式发生改变，对能源的使用由煤炭替代了传统的薪柴。人类经济活动越来越多地燃烧化石燃料，其直接结果就是愈加严重的空气污染和二氧化碳排放的急剧增加。250多年来，全球累计排放二氧化碳1.1万亿吨。作为温室气体的重要组成部分，其大量排放的结果是造成大气成分的改变，进而引起以全球气候变暖为主要特征的气候变化。近几年来，这种气候变化又表现为冰冻、水灾、干旱、南北极温度升高、寒冬酷暑等各种极端天气。如何应对全球气候变化以及由此带来的各种灾难性后果，成为21世纪全人类必须面对的最大挑战。

作为21世纪发展最快国家之一的中国，在经济飞速发展的过程中，能源被大量消耗，二氧化碳等温室气体排放量也在迅猛增长。如表1-1所示，在成为继美国之后经济总量排名第二的经济大国的同时，我国也成为全球温室气体排放量最多的国家（60亿吨），见表1-1。即使按人均排放量计算，我国的温室气体排放量仍达到4.30吨/人，见表1-1。虽然在人均排放量上，美国位列全球第一，加拿大、俄罗斯、德国、韩国和日本等国家紧随其后，这些国家的人均碳排放量都远高于中国，即使是排名第8位的英国，其碳排放量也是我国的两倍多，美国碳排放量则是我国的4倍多，但承担减排责任的却不只有美国、德国、日本、英国等发达国家。随着气候变化影响的加剧，作为碳排放第一大国的中国也正面临来自世界越来越多的减排压力。

表1-1　　　　　**全球温室气体排放量最多的十大国家**

按总排放量排名（位）	国家	排放量（亿吨）	按人均排放量排名（位）	人均排放量（吨/人）
1	中国	60	9	4.300
2	美国	59	1	18.033
3	俄罗斯	17	3	11.766
4	印度	12.9	10	0.954

按总排放量排名（位）	国家	排放量（亿吨）	按人均排放量排名（位）	人均排放量（吨/人）
5	日本	12.47	6	9.855
6	德国	8.6	4	10.37
7	加拿大	6.1	2	16.46
8	英国①	5.86	8	8.813
9	韩国	5.14	5	9.954
10	伊朗	4.71	7	5.758

资料来源：由英国梅普尔克罗夫特公司（Maplecroft）公布的温室气体排放量数据整理得出。

实际上，作为全球最有责任、最有担当的经济体，我国的节能减排既是对国际压力的积极应对，也是经济发展方式由粗放型向集约型转变的内在要求。自中华人民共和国成立至今，70多年的发展历程中，绝大部分时间里，我国经济的快速增长是以高投入、高污染和高能耗为前提实现的。进入21世纪后，一直执行的粗放型经济发展方式所带来的不良后果日益明显，由粗放型向集约型转变成为未来中国实现可持续发展的必然选择，而绿色发展正是在这样一个选择下必须要走的路。

（二）绿色发展理念的历史沿革

绿色发展理念的提出源自20世纪60年代的可持续发展理论。2006年第6期的《环境保护》刊发中国环境规划院总工程师王金南等人的论文《国家绿色发展战略规划的初步构想》，阐述了绿色发展的基本内涵，指出绿色发展的目标和指标，并设计了国家绿色发展规

---

① 2008年，英国政府的《气候变化法案》（Climate Change Act，CCA）颁布实施，该法案表明英国致力于全球碳减排中应承担的相应责任，通过提高碳管理，至2050年，温室气体排放量减少80%（以1990年为基准）。这使英国成为全球第一个为减排立法的国家。

划的具体内容。① 2006 年 10 月，杨多贵、高飞鹏在《科学管理研究》刊文，提出了遵循"自然第一、生态健康和环境友好"三原则的"绿色国家"的内涵建立绿色发展指标体系，计算世界各国的绿色发展指数，用该指数与经济发展水平之间的关系，提出了人类绿色发展道路三部曲，即黄色文明阶段—黑色文明阶段—绿色文明阶段。②

2010 年由北京师范大学科学发展观与可持续发展研究基地、西南财经大学绿色经济与可持续发展研究基地和国家统计局中国经济景气监测中心编写的《2010 中国绿色发展指数年度报告：省际比较研究》③ 出版，该报告将绿色发展指数分为经济增长绿化度、资源环境承载潜力和政府政策支持度 3 个一级指标，这 3 个指标分别反映经济增长中生产效率和资源使用效率、资源与生态保护及污染排放情况、政府在绿色发展方面的投资、管理和治理情况等。这 3 个指标下又细分为 9 个二级指标和 55 个三级指标。该指标体系被环保部副部长潘岳称为国内第一套绿色发展的监测指标体系和指数测算体系。报告用此套指标体系呈现了 30 个省（区、市）（除西藏外）2008 年的绿色发展情况。其中 12 个省份绿色发展水平高于全国平均水平，北京、青海和浙江分别位于前三位；18 个省份低于全国平均水平；山西省位列最后。绿色发展水平东部地区相对较高，中部地区相对较弱；西部地区因资源优势提升了绿色发展综合水平，资源环境承载潜力整体水平突出。2012 年，上述研究机构又出版了《2012 中国绿色发展指数报告区域比较》④，该报告特别增加了对 38 个重点城市的公众满意度调查，了解民众对所居城市环境、基础设施、政府绿色行动的综合评

---

① 王金南、曹东、陈潇君：《国家绿色发展战略规划的初步构想》，《环境保护》2006 年第 6 期。

② 杨多贵、高飞鹏：《绿色发展道路的理论解析》，《科学管理研究》2006 年第10 期。

③ 北京师范大学科学发展观与经济可持续发展研究基地、西南财经大学绿色经济与可持续发展研究基地、国家统计局中国经济景气监测中心：《2010 中国绿色发展指数年度报告：省际比较研究》，北京师范大学出版集团 2010 年版。

④ 北京师范大学科学发展观与经济可持续发展研究基地、西南财经大学绿色经济与可持续发展研究基地、国家统计局中国经济景气监测中心：《2012 中国绿色发展指数报告 区域比较》，北京师范大学出版集团 2012 年版。

价。排在前 10 位的城市分别是克拉玛依、银川、西宁、厦门、杭州、重庆、成都、珠海、青岛、宁波；排在后 5 位的城市分别是合肥、长沙、呼和浩特、武汉、兰州。调查得出民众对当前城市绿色发展的总体状况持肯定态度。

2012 年 10 月 11 日，商务部副部长王超在第十届全国投资促进机构联席会议上指出："当前绿色发展已大势所趋，投资促进工作要做好农业、服务业等重点产业领域的工作"。当前在绿色发展的新形势下，投资促进工作要为实现我国经济平衡、协调、可持续发展的大局服务，必须提高利用外资的质量。

2015 年，党的十八届五中全会通过《中共中央关于制定国民经济和社会发展第十三个五年规划的建议》提出"创新发展、协调发展、绿色发展、开放发展、共享发展"五大发展理念，指出要"坚持绿色富国、绿色惠民，为人民提供更多优质生态产品，推动形成绿色发展方式和生活方式，协同推进人民富裕、国家富强、中国美丽"。

2017 年 10 月 18 日，习近平总书记在党的十九大报告中指出，推进绿色发展。加快建立绿色生产和消费的法律制度和政策导向，建立健全绿色低碳循环发展的经济体系。构建市场导向的绿色技术创新体系，发展绿色金融，壮大农业产业、清洁生产产业、清洁能源产业。推进能源生产和消费革命，构建清洁低碳、安全高效的能源体系。推进资源全面节约和循环利用，实施国家节水行动，降低能耗、物耗，实现生产系统和生活系统循环链接。倡导简约适度、绿色低碳的生活方式，反对奢侈浪费和不合理消费，开展创建节约型机关、绿色家庭、绿色学校、绿色社区和绿色出行等行动。

2020 年"两会"期间，习近平总书记在参加内蒙古代表团审议时强调，要保持加强生态文明建设的战略定力，牢固树立生态优先、绿色发展的导向。

从 2006 年至今，绿色发展理念已经上升为国家战略，未来无论在各行业的生产还是人民的生活中都将深刻体现这一战略对国家可持续发展的影响。随着绿色发展在国民经济各行各业的不断推进，由绿色发展所带来的生产、生活的改变将最终推动我国国力实质上的增强和人民生活水平的提高。

（三）绿色发展的内涵

绿色发展的提出晚于可持续发展观，但两者一脉相承，是可持续发展观的中国化，是我国应对人类生态环境不断恶化的现实做出的理论创新与贡献，绿色发展区别于人们传统对于发展的认知。

在传统的发展观中，人类是自然环境、自然资源的利用者，从自然界中获得生产生活所需的各种资源并加以进一步加工利用，不考虑或很少考虑人类行为对自然的影响与危害。在这种传统发展观中，人的地位和重要性都高于自然，人类的发展占据绝对的主导和优势地位。与传统发展观不同，绿色发展观把自然环境和自然资源作为人类经济社会发展不可或缺的内在要素，充分尊重自然规律，生态建设与开发利用并重，尽量降低对环境的损害，在社会生产和人民生活中节约使用资源和能源，减少废物产生量。将环境因素视作生产力和国际竞争力的体现，作为影响人类产出的重要因素而被纳入到生产函数中，在进行 GDP 和国民财富的核算时，将自然资源（包括环境容量）的价值和污染治理、生态恢复的成本考虑进去，形成新的能够反映经济增长的质量和代价的发展指标。

因此，绿色发展是将环境保护作为实现可持续发展重要支柱的一种新型发展模式，"是在传统发展基础上的一种模式创新，是在生态环境容量和资源承载力的约束条件下"①，通过经济活动的过程和结果的"绿色化""生态化"，实现经济、社会和环境的可持续发展。

绿色发展观强调人与自然的和谐共生，追求环境保护和经济、社会发展的相互融合和协同增效，因此，从根本上改变了传统发展模式中环境与发展的对立关系，是科学发展观的体现。在这种发展模式中，人类不仅是自然资源的利用者，同时也是生态环境的保护者和建设者，人类活动不仅不应破坏生态环境原有的价值和功能，还应对已被破坏的生态环境进行修复和改善。

---

① 王耀祖：《绿色发展理念下大同市经济转型发展研究》，硕士学位论文，西北民族大学，2019 年。

在绿色发展观里，环境保护可以成为经济新的增长点，环保基础设施投资、环保工业、环保技术和产品开发所提供的市场潜力，能够促进环境与经济之间实现协同增长，使环保工作成为经济增长的商机和动力，而不是经济发展的额外成本和负担。

绿色发展已经成为一个重要趋势，越来越多的国家强调绿色发展的重要性，并在努力践行绿色发展。

二　农业与农业产业结构

（一）农业的内涵与外延

农业是以土地资源为生产对象，培育动植物产品进而生产食品及为国民经济体系提供工业原料的产业，是国民经济中的重要产业部门。农业与自然的联系最为密切，随着人类社会大分工的产生而产生，并随着生产力的提高和分工的细化而不断发展。1935 年，新西兰经济学家费歇尔在他的著作《安全与进步的冲突》中首创了三次产业分类法，他依据国民经济中各产业与自然的关系，将国民经济中的不同产业划分为第一、第二、第三产业，其中第一产业是取自自然的产业，第二产业是加工取自自然的生产物；其余的全部经济活动统归第三产业。这一分类方法得到广泛的认同，并沿用至今。随着经济社会的发展，其他学者又提出将信息业作为第四产业，将环保产业作为第五产业，等等。无论怎样划分，一般学者对于把农业归属为第一次产业还是比较认同的。

随着分工的细化，农业又可以进一步细化为种植业、林业、牧业、渔业和副业。这些细分产业仍以土地资源为基础，进行种植生产的即为种植业；进行林木的培育、采伐的即为林业；进行畜牧养殖的即为畜牧业；进行水产养殖的即为渔业，又可称为水产业；对上述细分产业的产品进行小规模加工、制作的则被称为副业。随着经济发展和社会生活水平的提高，出现了一些新型农业形式，例如休闲农业等。无论是种植业、林业、牧业、渔业、副业这种较为传统的细分农业，还是新型农业业态，它们都是农业的有机组成部分。

一般来说农业有广义和狭义之分。广义农业包括种植业、林业、畜牧业、渔业、副业五种产业形式；狭义农业则是指种植业，包括生产粮食作物、经济作物、饲料作物和绿肥等农作物的生产活动。本书的农业既有对农业总体的分析，也包含有对农业内部种植业、林业、牧业和渔业的分析。

（二）农业产业结构的内涵与外延

农业产业结构是指在一定的地域（随着农业产业链的延长，这一地域并不只局限于所研究区域的农村地区）范围内，农业各生产部门及其各生产项目在整个农业生产中相对于一定时期和一定的自然条件和社会经济条件所构成的特有的、比较稳定的构成方式、比例关系、结合形式、地位作用和运动规律①等。农业产业结构的形成和发展的条件如表1-2所示。

表1-2 农业产业结构形成和发展的条件

前提条件	需求
主要条件	生产力水平
基础条件	地理环境
内在条件	劳动力
基本条件	资金
动力条件	科学技术

资料来源：李秉龙、薛兴利著《农业经济学》（第3版），中国农业大学出版社2015年版。

李秉龙和薛兴利认为，标准的农业产业结构应当满足四条标准：第一，能充分合理的利用当地农业资源，不断提高经济效益；第二，能保持和改善生态环境；第三，能更好地满足社会需要；第四，农业各部门能协调发展②。从这四条标准可以看出，标准结构下的农业产业结构符合环境保护的要求，能够与生态环境和谐共生，因此符合绿

---

① 李秉龙、薛兴利：《农业经济学》（第3版），中国农业大学出版社2015年版。
② 李秉龙、薛兴利：《农业经济学》（第3版），中国农业大学出版社2015年版。

色发展理念的设想与目标。

以农业产业结构形成和发展的条件以及标准为基础，本书中的农业产业结构分析主要分为以下几个层次：第一层次，是指农业内部各细分产业之间的关系。探讨吉林省农业中种植业、林业、畜牧业、渔业以及副业这五种广义农业下的细分产业自身的发展及其结构问题；第二层次，是指农业，这里主要是指广义农业下的农业与国民经济其他各产业之间的关联关系、扩散效应等，进一步分析农业中的供给与社会需求之间是否协调、农业内部各细分产业之间的地位与素质是否协调，该层次涉及农业产业结构合理化的问题研究；第三层次，农业产业结构是第二层次农业产业结构合理化的递进，分析农业发展中产业的高级化、生态化与融合化问题，尤其是农业与其他产业之间的关系、农业与生态环境的关系，农业与第二、第三产业之间的融合发展，这一层次涉及农业产业结构的高级化研究；第四层次，分析农业生产中的个体，即农业企业和农户的行为对农业发展的影响。通过上述几个层次的研究，最终实现农业产业结构的调整，实现农业产业结构的优化。

第三节　研究方法

本书的研究对象为吉林省农业及其产业结构，从产业的角度分析农业发展，研究对象需具体化为农业的生产者与经营者以及农业生产条件和各类产出等。通过对这些具体内容的分析得出相应结论。在写作过程中，本书采用的研究方法主要有以下几种。

一　实证分析与规范分析相结合

实证分析和规范分析是社会科学研究中常用的方法之一。实证分析着眼于当前社会或学科现实，对经济现象、经济行为或经济活动及其发展趋势做出客观分析，只考虑经济事物间相互联系的规律，并根据这些规律来分析和预测人们经济行为的效果。[①] 实证分析只是通过事例和经验等从理论上推理说明，只是在进行描述，而不存在主观的价值判断，它要解决的是"是什么"的问题。规范分析则强调以价值判断为基础，根据一定的价值判断，提出某些分析处理经济问题的标准，树立经济理论的前提，作为制定经济政策的依据，并研究如何才能符合这些标准。规范分析是对经济行为或政策手段的后果加以优劣好坏评判的研究方法，它要回答的是"应该是什么"的问题。

本书在写作过程中运用大量数据与资料介绍吉林省农业及其细分产业的发展现状、专业化水平，并借助这些数据和资料阐述吉林省农业未来发展的对策。试图在描述吉林省农业"是什么"的基础上，进一步说明未来的农业发展"应该是什么"的问题。

二 统计分析法

统计分析法是通过各种调查手段与方式获取数据和资料，并对这些数据和资料进行数理统计与分析，从而对研究对象的规模、范围、速度等数量关系进行深入分析，用以揭示事物间的相互关系、变化规律和发展趋势。

统计分析法比较科学、精确和客观，在现代科学研究中被广泛采用。在实践中常用指标评分法和图表测评法，从定量的角度得出结论。

本书在研究过程中借助各类统计年鉴、统计公报及其他各类数据库，了解吉林省农业的相关数据，包括农业人口、农业产值、耕种面积、产出种类等。运用统计分析，较直观了解吉林省农业及产业结构的现状，并深入挖掘其中存在的问题及原因，为后续的对策建议提供较为坚实的基础。

三 实地踏查法

实地踏查法是指深入调查地区，通过走访、问卷等形式全面了解

---

① 孙季萍、郭晓燕：《价值分析方法评析——与实证分析方法对比的视角》，《襄樊职业技术学院学报》2006 年第 6 期。

调查对象的实际情况，获得相应的数据和资料的过程。在撰写本书和相关研究课题的过程中，通过走访吉林省长春市、吉林市、延边州等不同地区的县、乡、村、屯，对所在地的涉农企业及农户进行调查、调研，了解农业生产、经营的相关信息与基本情况，借此获取研究可以选用的数据和资料。

四　比较分析法

比较分析法，也叫对比分析法或者对比法。社会科学（包括经济领域）进行相关课题的研究时，通常通过纵向和横向两个角度进行比较分析。纵向分析通常是将历史数据与现行数据相互比较，为进一步判断研究对象的未来发展趋势提供依据；横向分析的思路则通常是将发达国家或发达地区相同的研究对象与本研究涉及的研究对象进行比较，以发达国家或发达地区的研究对象的具体做法或经验作为参考，为本研究的研究对象提供借鉴。更为复杂一些的是将纵向和横向分析综合，以得出更为全面、客观的结论。

本书在分析吉林省农业发展的过程中，一方面，分析吉林省农业发展各相关指标的历史变化，通过纵向比较得出吉林省农业相关领域的可能的变化趋势；另一方面，通过横向比较，借鉴国内农业发达地区以及美国、西欧、日本和以色列等农业发达国家的农业发展经验，从经济学的角度提出吉林省农业发展的路径及具体对策。

本书在写作过程中，将上述提及的实证分析、规范分析、统计分析、实地踏查、比较分析等各种方法综合运用，以期能够较为全面地认识吉林省农业的发展及结构变化。

第二章

研究的理论基础与支撑

本书以绿色发展为背景，以吉林省农业及其产业结构作为研究对象，在研究过程中涉及可持续发展理论、产业结构理论、产业组织理论以及区域经济学等理论，这些理论为本书提供了充足、坚实的理论基础。

第一节　可持续发展理论

绿色发展理念的提出从其思想渊源上来自可持续发展理论，因此，可持续发展理论为本书提供了相应的理论支撑。

一　可持续发展理论的历史沿革

可持续发展理念是随着人类对自身及所处环境的认识的不断深入而被提出的。资源环境的不断恶化使一些有识之士敏锐地意识到资源不是无穷尽的，对于人类毫无节制地使用、消耗资源所产生的各种污染，环境自身的承载力是有限的，并且将越来越弱。已经延续几千年的生产、生活方式在许多方面对于人类世代的生存与繁衍是不可持续的。

1962 年，美国生物学家蕾切尔·卡逊出版了《寂静的春天》，书中假设了一个美国小镇，描绘了小镇由于杀虫剂，特别是 DDT 等农药污染对以鸟类为代表的各种生物和生态环境造成的毁灭性危害，到处呈现出一片鸟鸣消失了、蛙声没有了等可怕景象。该书标志着环境保护运动的开始，并在世界范围内引发了人类对于发展问题的讨论，可谓是世界环境保护与发展史的里程碑。1972 年，在瑞典首都斯德哥尔摩召开的联合国人类环境会议上，英国经济学家芭芭拉·沃德和美国微生物学家雷内·杜博斯提交了一份名为"只有一个地球——对一个小小星球的关怀和维护"的非正式报告，该报告受联合国人类环境会议秘书长莫里斯·斯特朗委托，由 40 个国家提供背景材料，58 个国家 152 名专家组成通信顾问委员会协助完成。报告分五篇，将人类发展与环境问题紧密结合，阐述了发达国家发展的代价与发展中国家面临的问题，将地球作为一个整体，从人类生存的角度，构建地球新秩序。该报告的许多观点被写入此次大会通过的《人类宣言》，在世界环境保护与发展史上具有重要影响。

同年，非正式国际著名学术团体罗马俱乐部发表了研究报告《增长的极限》，提出"持续增长"和"合理的持久的均衡发展"的概念。

1987 年，以挪威首相布伦特兰为主席的联合国世界与环境发展委员会发表报告《我们共同的未来》，正式提出可持续发展概念，对人类共同关心的环境与发展问题进行了全面论述，是世界环境保护与发展史上的又一个里程碑。

1992 年，巴西里约热内卢召开联合国环境与发展大会，参会国家对于"在全球建立一个可持续发展的社会是历史的必然"达成共识，"可持续发展"的科学发展观在此次会议上得以确认，这是可持续发展在世界环境保护与持续发展进程上迈出的重要一步。

二　可持续发展理论的主要内容

发展本身是一个哲学名词，是指事物由小到大，由简单到复杂的不断变化的过程。在经济学中谈发展，则是与增长相对应的概念。一般增长是从量的角度，如一个国家或地区经济总量的增长等；而发展则是从质的角度，包括经济结构的优化、生活质量的改善等。如果把"可持续"一词放在发展前面，则进一步拓展了发展的含义，使发展实现了代际的跨越，即发展不只是当代人各种需要的被满足，还要保证后代人的需要的实现，至少不受到破坏。

"可持续发展"理念之所以被提出来，主要原因就在于人们终于意识到在人类繁衍的历史长河中，包括阳光、水、空气、土壤等在内的各类资源是人类发展高度依赖的，但是，几千年来，人类只想着索取、消耗，从没有想过过度使用可能产生的后果。于是，当我们唯一赖以生存的蓝色星球出现了越来越多的恶劣天气、河流受到污染、蛙声鸟鸣不再、气候变暖、粮食减产、冰川融化、疾病流行时，人类才发现一直被认为理所当然的自然环境、生态平衡已经严重恶化，而这已经越来越多地反弹到人类自身的发展上。于是，越来越多的国家把可持续发展当作治国理念，实现的不只是当代人的发展，还有本国以及全人类长远的发展。

第二节　产业结构理论

在经济领域，产业结构这一概念始于 20 世纪 40 年代。随着研究的不断深入，产业结构的概念与研究领域逐渐明确。产业结构是指国民经济体系中不同产业间的技术经济联系与联系方式。这种产业间的技术经济联系与联系方式分别从"质"和"量"的角度来进行考察研究。前者动态地揭示了经济发展过程中，国民经济各产业之间的技术经济联系与联系方式不断发展变化的趋势，分析了国民经济体系中居于主导地位或支柱地位的产业部门不断替代的规律及其相应的结构效益，形成狭义的产业结构理论；后者则静态地研究和分析一定时期内各产业间联系与联系方式的技术经济数量比例关系，即产业间"投入"和"产出"的量的比例关系，从而形成产业关联理论。[①] 产业结构理论体系包括产业结构影响因素理论、产业结构分析理论、产业结

---

① 苏东水：《产业经济学》，高等教育出版社 2015 年版，第 45 页。

构政策理论、产业关联理论、主导产业选择理论、产业结构优化理论等。① 本书的论述主要涉及产业结构理论中的产业关联理论与产业结构优化理论等。

一　产业关联理论

产业关联理论又称产业联系理论，产业关联理论一般来说有两个方面的体现：

一是相比产业结构理论，它更广泛细致地用精确的量化方法来研究产业之间质的联系和量的关系，这也是产业关联研究中比较侧重的研究方法，研究产业之间的中间投入和中间产出之间的关系，这些主要运用里昂惕夫②的投入产出法加以解决。

1941 年，里昂惕夫出版《美国的经济结构 1919—1929》，在这本成名作中，里昂惕夫从重农学派的代表人物魁奈的经济表、原苏联国民经济平衡表中的棋盘式表格等受到启示，吸收了古典经济理论、马克思再生产理论、"全部均衡论"和国民收入理论的部分思想，系统阐述了投入产出理论的基本原理及发展，提出了进行投入产出分析的基本模型，形成了"研究国民经济体系中或区域经济体系中各个产业部门间投入与产出的相互依存关系的数量分析方法"③。里昂惕夫指导运用于美国劳工部编制第一张官方投入产出表，20 世纪 50 年代开始，先后在加拿大、意大利等发达国家以及非洲等发展中国家得到广泛运用并取得长足发展。时至今日，世界上仍有包括我国在内的 100 多个国家，利用投入产出分析，建立投入产出表，分析国民经济体系中不同产业之间的投入产出关系。

二是通过研究产业与产业之间的前向关联关系和后向关联关系，确定产业在国民经济体系的所有产业中的地位和作用、该产业对其他

---

① 苏东水：《产业经济学》，高等教育出版社 2015 年版，第 51 页。

② 产业关联理论的创始人，美国当代著名经济学家，1906 年出生于俄国圣彼得堡，1921 年进入列宁格勒大学，后赴德国获柏林大学经济学哲学博士，1928 年获得博士学位，1931 年去美国从事美国投入产出表研究。1972 年获得诺贝尔经济学奖。

③ 苏东水：《产业经济学》，高等教育出版社 2015 年版，第 179 页。

产业的影响力，以及受其他产业影响的程度。

发展经济学先驱之一、美国经济史学家罗斯托在主导产业的研究中提到了主导产业的扩散效应，包括前瞻效应、回顾效应与旁侧效应，与此种情形下的产业关联分析相比，突出的是主导产业对其他产业的带动与影响。实际上，国民经济体系中的任何一个产业都存在扩散效应，只是上述的三种效应与主导产业相比，涉及的部门及行业会有较大的区别。

本书在介绍农业与其他产业的关联关系时，更加侧重于分析农业的关联效应，并尝试把罗斯托的主导产业扩散效应理论应用于农业产业的分析中。

二　产业结构优化理论

产业结构优化是通过政府的有关产业政策调整影响产业结构变化的供给结构和需求结构，实现资源优化配置与再配置，推进产业结构向合理化和高度化方向发展。[①] 随着绿色发展理念在国民经济各产业的广泛、深入渗透，产业结构的优化可以进一步细分为产业结构的合理化、高度化和生态化。

（一）产业结构合理化

经济学意义上的合理化可以理解为通过对要素、资源等相关内容的调整，使其作用对象更加合理的过程。产业结构合理化，就是通过对与产业结构相关的变量，包括产业间的素质、联系方式、地位以及产业内各部门之间，进行调整和改进，通过相互协调，实现产业结构整体能力的提高。产业结构合理化最为关键的就是做到相关变量间的"协调"，能否做到"协调"，直接影响着产业结构整体能力的高低。产业结构合理化是产业结构向高度化发展的前提和基础，也是提高社会经济效益的前提和基础，是实现产业结构优化的重要组成部分。

---

① 苏东水：《产业经济学》，高等教育出版社 2015 年版，第 211 页。

（二）产业结构高度化

日本在第二次世界大战中代价惨重，社会经济发展遭受重创。1955 年，日本政府提出制定"产业结构政策"，以尽快提振国民士气和本国国力，实现对欧美国家的赶超战略。这里的产业结构政策就包括着力推进日本"产业结构高度化"。随后，日本进入经济高速增长期，其中尤以第二产业中的制造业发展引人注目。

产业结构高度化以合理化为基础和前提，从程度上看，可以表现为产业的高附加值化、高技术化、高集约化和高加工度化；从结构转变看，可以表现从由第一产业占主导地位向第二、第三产业占主导地位转化，由劳动密集型产业占主导地位向资本密集型、技术密集型占主导地位转变，由低加工度占主导地位向高加工度占主导地位转变。在产业结构高度化过程中，创新起到至关重要的作用。通过技术创新，既可以引起生产要素在不同部门之间的流动，也可以创造新的市场需求，使产业结构由低级向高级发展。产业结构高度化也是产业结构优化的重要组成部分。

（三）产业结构生态化

绿色发展理念倡导的是人类发展与自然生态环境的和谐共生，产业结构与人类社会的经济发展和经济增长相互促进。在人类向绿色发展目标迈进的过程中，当然也对产业结构提出了更高的要求，即产业内以及产业间各要素能够适应生态环境，在减少对环境负外部影响的同时，实现与生态环境的协调共存。这可以从以下几个方面来阐释：一是产业内的企业，在减少污染物排放的同时，能够对排放的污染物加以循环利用；二是各产业的能源消耗结构发生转变，由传统的对环境污染较大的煤等不可再生能源向清洁能源、可再生能源转变，能源结构比重的改变也是产业结构生态化的一个具体表现；三是有利于生态环境的新业态的出现和大发展，如节能环保产业等，向社会提供有利于能源节约、环境保护的产品、设备、技术和服务，为国民经济各产业提供生态环境和谐共生的支撑。

产业结构生态化是绿色发展理念在产业结构中的具体体现，是各国工业化过程中对产业结构合理化和高度化认知的基础上的进一步深入，也是产业结构优化的重要组成部分。

本书在分析吉林省农业产业结构生态化的过程中既包括农业内部结构生态化的问题，也包括农业作为一个整体如何实现产业生态化发展的问题。产业生态化主要是指在产业发展过程中对于节约型生产技术的推广使用，减少对环境资源的破坏，强调的是产业与自然和社会的和谐统一。应当说产业结构生态化与产业生态化虽有不同，前者侧重于宏观角度，内涵更加宽泛；而后者侧重于微观角度，但其本质是相同的，都是追求产业发展与生态环境的和谐共生。

本书分析吉林省农业产业发展与结构优化的过程中，就是基于产业结构优化理论，从农业产业结构的合理化、高度化与生态化几个方面探讨吉林省农业与其他产业的协调性、农业产业的高附加值化、科学技术在农业发展中的应用，以及农业与生态环境的适应性等问题。

第三节　产业组织理论

一　产业组织理论概述

（一）产业组织的内涵

产业组织理论的研究对象就是产业组织。产业组织是指同一产业内企业间的组织或市场关系，包括买方之间、卖方之间以及买卖双方之间的交易关系、行为关系、资源占用关系和利益关系。这种关系主要存在于在不完全竞争条件下，解决产业内企业的规模经济效应与企业之间的竞争活力的冲突，即"马歇尔冲突"。

（二）产业组织理论的历史延革与主要内容

产业组织理论以亚当·斯密关于市场机制的论述为思想渊源，由新古典经济学家阿尔弗雷德·马歇尔提出产业组织概念。20世纪30年代，由美国经济学家张伯伦和英国剑桥大学教授罗宾逊夫人关于垄断竞争问题的论述，分析了现实的市场关系。马歇尔、张伯伦和罗宾逊夫人三人通常被视为产业组织理论的鼻祖。

20 世纪 30 年代后期，以哈佛大学的梅森和贝恩为代表的哈佛学派提出了 SCP 分析框架，从供给角度分析单个产业内部的市场结构、厂商行为和经济绩效之间的关系。贝恩将产业分解为特定的市场，通过"结构—行为—绩效"即三分法对市场进行分析，强调了不同的市场结构对企业行为和市场绩效的影响，哈佛学派将市场结构作为分析重点，因此被称为"结构主义者"。60 年代后期，芝加哥学派在对哈佛学派的批判中而崛起。该学派不再强调 S－C－P 之间的直线关联，通过批驳哈佛学派的"集中度—利润率"假说①，认为市场行为或市场绩效决定了市场结构，因其注重效率标准，芝加哥学派又被称为"效率主义者"。哈佛学派与芝加哥学派关于产业组织理论中结构、行为与绩效三者之间关系的争论以及其他理论的分歧，对美国不同年代与市场结构相关的政策起到了一定的影响。此后又有新奥地利学派等推动产业组织理论继续发展。

产业组织理论关注产业的市场结构、产业内企业的行为与市场绩效。市场结构与市场绩效都与产业内的企业及其行为密切相关。作为产业组织理论的基本研究单位，企业的行为必然影响着产业的发展。通过对企业的竞争与合作、定价行为、广告行为和兼并行为等分析，能够准确把握企业的行为以及企业的运营状况，从而有利于维护产业（市场）的正常秩序，推动产业（市场）的发展。

二 产业组织理论对本书的理论支撑

无论是哈佛学派、芝加哥学派还是新奥地利学派等其他学派，这些学派关于产业组织的论述，都可细化为市场中企业的产品差异化行为、市场集中度分析等。本书在分析吉林省农业的过程中，对于农业企业相关问题的分析均可以以产业组织理论作为理论支撑。

---

① 哈佛学派利用"集中度—利润率"假说用数据表明市场的垄断性越强，其利润率越高，印证了市场结构对市场绩效的影响，但是芝加哥学派则在几年后对哈佛学派中的分组研究数据进行追踪，结果表明，垄断性强的企业组中，其利润率在下降，用以说明市场结构对市场绩效没有决定作用。

第四节　区域经济理论

一　区域经济理论概述

（一）区域经济的内涵

区域经济也叫"地区经济"，是在一定区域内经济发展的内部因素与外部条件相互作用而产生的生产综合体，是分布于各个行政区域的那部分国民经济。区域经济的发展受到多种因素影响，既包括水分、热量、光照、土地和灾害频率等在内的自然条件，也包括劳动力的数量和质量、资金的丰裕程度以及技术水平的高低等社会经济条件。

（二）区域经济理论的发展和主要内容

1826 年，德国经济学家杜能在其论著《孤立国同农业和国民经济的关系》中提出如何围绕地处中心位置的城市进行农业布局，即农业圈层理论。杜能的农业区位论对区域的农业生产力布局进行研究，虽然忽略了自然条件对农业布局的影响，也只分析了农业而没有分析其他产业，但其仍可以看作是国外关于区域经济问题的最早的研究。20 世纪初，韦伯提出了工业区位论，从运费等方面分析企业的选址与定位问题，对现实的工业布局具有重要意义。20 世纪 50 年代，作为一门相对独立的科学，区域经济理论大体形成。60 年代以后，伴随着世界各国工业化、城市化进程的加快，为解决区域发展中面临的各种问题，各国政府大力开展区域规划工作，干预区域经济活动，为区域经济学的迅速发展提供了契机。

区域经济的发展与地理位置及该地区所拥有的矿物、土地等自然资源和自然条件密切相关，当然也与其所具备的人力、资金、技术水平等生产要素水平和状况有关，同时还会受到来自其他地区的影响。因此，区域经济理论就是研究在一定的地域范围内，如何将上述提及的各种资源和条件进行有效配置和组合，以实现地区效益的最大化。在绿色发展背景下，区域经济理论还要关注在实现区域发展，提升经济效益的同时，与社会效益和生态效益的有机统一，以利于本地区经济社会长期可持续发展。

二　区域经济理论对本书的主要理论支撑

本书对农业发展和产业结构的分析主要限定在吉林省省域范围内。吉林省地处我国东北地区，新中国成立以来，作为工业基地的重要组成部分，曾经为我国的工业体系的建立和国民经济发展做出巨大贡献。近年来，吉林省经济发展增速放缓制约了吉林省居民生活水平的提高。如何突破原有经济发展的瓶颈，成为吉林省目前面临的紧迫问题。农业在吉林省经济发展中一直占据重要地位，但与国内其他农业大省相比竞争力不并强。本书以影响区域经济发展的自然条件、社会条件等因素为分析基础，探讨吉林省区域范围内农业的发展与结构优化问题。

第三章

吉林省农业发展条件及
农业产业布局

    吉林省位于中国东北①地区中部，东北和西南分别与俄罗斯、朝鲜接壤，北与黑龙江省连接、西北与内蒙古自治区相邻、南与辽宁省相接，地处东北亚地理中心位置。吉林省是我国重要的工业基地和商品粮生产基地，具有重要的战略地位。在吉林省各产业中，农业一直占据重要地位。吉林省农业发展既有与其他地区农业发展相同或相近的条件，也存在独具吉林省特色的影响农业发展的因素。本章将从自然因素、社会环境、政策法律等方面着力分析吉林省农业发展的各类条件。

第一节　自然条件

    从人类历史发展的足迹，尤其是工业革命发生以前，可以看出，阳光充足、水源丰沛、土壤肥沃的地区，农业一定会获得较快发展，当地也一定是农产品品种丰富、产量较高，人们的生活相对富足。即使在工业革命发生以后，上述地区借助获得极大提高的农业劳动生产

---

    ① "东北"是一个约定成俗的称呼，在 1907 年正式设奉天、吉林、黑龙江三省以前，甚至清政府的官方文书也把广大的东北地区称之为"东北"。（赵中孚：《清代东三省北部的开发与汉化》，《近代史研究所集刊》第 15 期。

率，农业仍然保持较好的状态与水平。可见，自然条件是农业发展的基础性要素。

在国民经济体系中，与其他产业不同，农业得以产生与发展的条件是土壤、阳光、空气、水分、温度等自然条件。与其他各产业相比，农业与自然环境的关系最为密切，尤其是在传统农业发展过程中，上述自然条件直接影响着农业的产出种类与产量。不具备上述条件，则农业将不复存在。虽然随着现代农业的发展，农业新技术催生着新品种，各类农产品产量不断提高，工厂农业等新形式出现并越来越广泛地在农业不同生产领域被采用，使农业生产开始在一定程度上摆脱传统自然条件的束缚，但至少人类发展到 21 世纪的现在，阳光、水分等自然条件仍是农业生产必不可少的基础性因素。吉林省农业的发展与其所处的自然环境及所拥有的自然资源密切相关。

一　地形条件

吉林省东西长 769.62 公里，南北宽 606.57 公里，总面积为 18.74 万平方公里①，在全国排名第 13 位，（如表 3 - 1 所示）是全国面积最大的新疆维吾尔自治区的 11.29%。东北三省中，吉林省总面积是黑龙江省的 41.20%，比辽宁省多 4.15 万平方公里，是韩国国土总面积的 1.81 倍。

吉林省地势由东南向西北倾斜，呈现明显的东南高、西北低的特征。以中部大黑山为界，可分为东部山地和中西部平原两大地貌区。② 吉林省各类土地主要分为山地、丘陵、平原、台地及其他。各类土地占比如图 3 - 1 所示。可见，吉林省地形以山地和平原为主，两者面积之和约占吉林省总面积的三分之二。这两大类地形的地理分布和所占比重直接决定了吉林省的主要农作物的分布与较为丰富的种类。

---

① 吉林省地方志编纂委员会：《吉林省志》，吉林人民出版社 2004 年版。
② 吉林省地方志编纂委员会：《吉林省志》，吉林人民出版社 2004 年版。

表 3 - 1 　　　　　　　　全国各省区面积及其排名　　　　（单位：万平方公里）

排名（位）	省份	面积	排名（位）	省份	面积
1	新疆	166.00	18	河南	16.70
2	西藏	122.80	19	山西	15.63
3	内蒙古	118.30	20	山东	15.38
4	青海	72.23	21	辽宁	14.59
5	四川	48.14	22	安徽	13.97
6	黑龙江	45.48	23	福建	12.13
7	甘肃	45.44	24	江苏	10.26
8	云南	38.33	25	浙江	10.20
9	广西	23.60	26	重庆	8.23
10	湖南	21.18	27	宁夏	6.64
11	陕西	20.56	28	台湾	3.60
12	河北	18.77	29	海南	3.40
13	吉林	18.74	30	北京	1.68
14	湖北	18.59	31	天津	1.13
15	广东	18.00	32	上海	0.63
16	贵州	17.60	33	香港	0.11
17	江西	16.70	34	澳门	0.03

资料来源：依据《中国统计年鉴》整理得出。

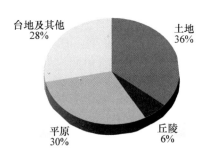

图 3 - 1 　吉林省各类土地占比

资料来源：据《吉林省统计年鉴》整理得出。

二 土壤条件

土壤是发展农业的基础性条件。吉林省土壤资源总面积为 18.65 万平方公里，其中耕地面积 7.028 万平方公里，占全国耕地面积的 5.21%。[①]

吉林省耕地土壤以黑钙土[②]、草甸土[③]、白浆土[④]、黑土[⑤]、暗棕壤[⑥]、风沙土[⑦]、新积土[⑧]和水稻土[⑨] 8 种土壤类型为主，每种土壤类型及其耕地面积如表 3-2 所示。其中黑钙土在各类土壤类型中，总面积占比最高，达 13.34%。黑土地是地球上最珍贵的自然资源之一，也是地球上最肥沃的农耕土地资源。全球黑土区仅有三片，其中一片就在我国东北地区。吉林省位于东北黑土区中部，吉林省耕地属于东北黑土型耕地类型区。黑土区耕地面积 0.69 亿亩，占全省耕地面积的 65.5%。其他各类型的土壤虽然营养成分不及黑土，仍可提供林木、草地等各类植被，作为生态环境的重要组成部分，同时也为国民经济提供相应的农业产出物。

如表 3-3 所示，黑土地分布于吉林省全省各地。东北黑土区总面积约 124 万平方公里，吉林省黑土区耕地面积占东北黑土区耕地总

---

① 据《2019 年中国统计年览》可知，我国现有耕地面积 134.9 万平方公里。

② 黑钙土：草甸草原植被下有钙积层或石灰反应的土壤，有明显的腐殖质积累和碳酸盐的淋溶积聚过程。

③ 草甸土：在低平地形、地下水位较高、土壤水分较多的草甸植被下，由沉积、腐殖质积累和氧化还原交替三个成土过程综合作用下形成的非地带性土壤。

④ 白浆土：具有薄的黑土层和一个瘠薄的白浆层，且酸性强，母质黏重，水分物理性质不良。

⑤ 黑土：有明显的腐殖质积累和淋溶过程，是森林草甸草原植被下具有深厚饱和暗腐殖质层的土壤。

⑥ 暗棕壤：东部山区、半山区的针阔混交林下发育的具有棕色层的酸性淋溶土壤。

⑦ 风沙土：发育在风积沙丘上的非地带性且发育微弱的土壤，大多在风沙干旱区，是吉林省主要低产土壤之一。

⑧ 新积土：受水、风和重力等动力的作用新堆积而成的非地带性的幼年土壤，多呈条带状分布于大小江河沿岸的河漫滩与低阶地或山丘漫岗坡脚平缓地带。

⑨ 水稻土：在种稻周期性淹水条件下，经人为活动和自然因素的影响，水耕熟化和氧化还原交替过程形成的非地带性土壤。

表 3 - 2   吉林省土壤类型

土壤类型	总面积 （亩）	占全省土壤面积 比重（%）	耕地面积 （亩）	占全省耕地面积 比重（%）
黑钙土	37332429	13.34	21669809	26.99
草甸土	26978679	9.64	11619317	14.48
白浆土	29374287	10.50	7548209	9.40
黑土	16514710	5.90	12478706	15.55
暗棕壤	115804362	41.40	8568554	10.68
风沙土	15751105	5.63	5718415	7.12
新积土	13524794	4.83	5640107	7.03
水稻土	5605136	2.00	5022719	6.26

资料来源：经吉林省土壤肥料信息网数据整理得出。

面积的 24.82%。土地肥沃，土壤表层有机质含量为 3%—6%，高者达 15% 以上。得天独厚的黑土地资源，使吉林省盛产玉米、水稻、大豆、油料、杂粮等优质农产品。耕地面积在全国 5.21% 的占比远高于吉林省面积在全国的 1.95% 占比，说明吉林省的耕地资源较为丰富，为吉林省发展高效农业、绿色农业提供了有利的物质条件。优质且丰厚的土地资源为吉林省成为我国商品粮基地提供了坚实的基础，孕育出了享誉全国的"黑土地之乡"和"大粮仓"，为保障国家粮食安全做出了重要贡献。

表 3 - 3   吉林省土壤类型分布

土壤类型	分布地区
黑钙土	白城市、松原市、四平市和长春市
草甸土	白城市、松原市、四平市和长春市
白浆土	白山市、吉林市、延边州和通化市，辽源、长春、四平也有少量分布
黑土	长春市、四平市、松原市三个地区 吉林市、辽源市、延边州也有少部分
暗棕壤	白山市、通化市、延边州、吉林市和辽源市
风沙土	白城市、松原市、四平市三个地区 长春市、吉林市和延边州也有少部分

土壤类型	分布地区
新积土	吉林省各市（州）均有分布，其中，吉林市、延边州、长春市、四平市是主要分布区
水稻土	全省各地区均有分布，但主要分布于吉林市、通化市和延边州三个地区

资料来源：依据吉林省土壤肥料信息网整理得出。

需要指出的是，对于黑土地这一宝贵的自然资源，近年来也出现了因保护措施不到位，致使其遭到破坏的现象发生。2018年7月，《吉林省黑土地保护条例》（以下简称《条例》）正式实施，但部分地区，如吉林省扶余市没有认真贯彻《条例》，出现部分建设项目占用黑土地，表土剥离面积和厚度没达到剥离实施方案的情况。同时还存在化肥农药施用量控制不到位等问题，当然，也有部分地区，如四平市因着力推广黑土地保护利用新模式受到国务院通报表扬的正面事例。无论是哪种情况都足见黑土地在吉林省农业发展中地位重要。尤其在绿色发展背景下，确保黑土地不受污染，产出高质量农作物就显得重要而紧迫。

三 气候条件

吉林省地处东经122°—131°、北纬41°—46°，位于北半球中纬度欧亚大陆东侧，我国温带的最北部，属于温带大陆性季风气候。四季分明：春季风大气候干燥，夏季多雨高温炎热，秋季天高气爽，冬季寒冷漫长。吉林省东部距黄海、日本海较近，气候湿润多雨；西部则远离海洋与蒙古高原接近，气候干燥。从东南向西北，吉林省气候由湿润过渡到半湿润再到半干旱。气温、降水、温度、风以及气象灾害等在吉林省都有明显的季节变化和地域差异。

吉林省气温在不同月份、不同地区，温差较为明显。由于接近亚寒带，省内大部分地区全年平均气温较低，一般在2℃—6℃。表3－4表明，从全年来看，东部山地较中西部平原温度较低。全年温差在35℃—42℃，日气温差一般为10℃—14℃。① 其中夏季日气温差最小，春、秋两季日气温差最大。夏季短而炎热，最高温度在34℃—38℃，冬季漫长而寒冷，最低气温曾出现在1970年的桦甸，达到－45℃。

表3－4　　　　　　　　　吉林省不同月份及不同地区温度情况

月份	平均气温	分布地区
1月（冬季）	－11℃以下	全省
4月（春季）	6℃—8℃ 6℃以下	中西部平原 东部山地
7月（夏季）	23℃以上 20℃以下 8℃	平原 东部山地 长白山天池一带
9月（秋季）	6℃—8℃ 6℃以下	西部平原 东部山地

资料来源：依据《吉林省统计年鉴》整理得出。

吉林省降雨量在不同季节、不同地区差异较大。全省年降水量一般在400—900毫米，四季中夏季的降水量最多，占全年降水量的80%。降水量自东部向西部逐渐减少，东部雨量较多，尤其是长白山天池年降水量最多，西部平原降水少。降雨量的东多西少的空间分布造成吉林省东南地区多洪涝而中西部地区则多干旱，春旱频繁发生的情况，尤其是白城等西部地区"十年九春旱"。

由于全年平均温度较低，降雨量分布不均，吉林省的自然灾害多表现为低温冷害、干旱、洪涝和霜冻，此外还有冰雹等。在全球气候变暖和传统粗放式增长模式下，吉林省东部的森林、西部的草原等资源均遭到破坏，生态环境失去平衡，河流受到污染、土地盐碱化和沙化现象加重，除导致上述自然灾害频发外，沙尘、雾霾等生态失衡下的灾害发生率也不断提高。应当说全球变暖导致极端天气的出现，在

———————

① 吉林省地方志编纂委员会：《吉林省志》，吉林人民出版社2004年版。

一定程度上恶化了吉林省农业生产环境，从而制约了绿色发展理念在农业中的顺利体现。

四 日照条件

农业发展离不开良好的日照条件。虽然不同的农作物对日照的要求有所差别，但日照时间过少或过多都不利于农作物的生长。日照时间过少，农作物光合作用时间过短，导致植物生长缓慢；日照过多，呼吸作用旺盛，植物的营养成分会消耗得很快，对植物的生长不利；缺少光照的植物，根系不发达，叶片偏黄绿，根茎纤细，抗风抗倒伏能力差；植物缺少光照，无法存储更多的营养成分，因此果实偏小。吉林省多年平均日照时数为 2259—3016 小时。日照时数与全国其他地区相比，相对较多。夏季日照时长，冬季日照时短，东部日照少，西部日照多。[①] 2019 年，吉林省长春市全年日照时长 3010.6 小时，在全国主要城市日照时长中排名第一，是主要城市中唯——个日照时长超过 3000 小时的城市。

五 水资源条件

水资源是指地球上具有一定数量和可用质量能从自然界获得补充并可利用的水。[②] 可用于灌溉、发电、航运、养殖、给水等，既包括地表水，也包含地下水，以及江河、湖泊、潮汐、港湾、泉、井及养殖用水域等。在农业发展中，水资源既可为农业生产进行灌溉，也可作为农业产出的一部分向国民经济提供水产品等农业产出。吉林省位于东北地区主要江河的上游、中游地带，是东北地区主要江河的河源省份，松花江、图们江、鸭绿江、东辽河和绥芬河五大水系均发源于吉林省，如表 3-5 所示。其中，松花江水系是吉林省境内流域面积最广的水系，占全省水域总面积的 71.8%。省内流域面积在 20 平方公里以上的大小河流有 1648 条，30 公里以上的河流有 120 多条，分

---

① 吉林省地方志编纂委员会：《吉林省志》，吉林人民出版社 2004 年版。
② 全国科学技术名词审定委员会：《水利科技名词》，科学出版社 1997 年版。

别属于这五大水系。位于吉林省境内的长白山天池是我国最大的高山淡水湖泊。吉林省各水域中的 PH 值多为碱性，水生植物数量较多，浮游生物量较大，底栖生物种类较多，天然饵料丰富。省内有湖泊、水库、塘坝以及泡沼、坑塘等各种形式的水资源载体。其中，全省湖沼 260 多处；水库 1297 座，大、中、小型水库分别为 10 座、71 座和 1216 座；塘坝 4821 座。多数库湖属于富营养和中营养类型，尤其是平原型水库及湖泊，水深适宜，底栖动物和水生植物较多，有利于鱼类的繁殖和生长，为渔业生产提供了良好的物质基础。①

表 3 - 5　　　　　　　　吉林省内主要水系

省内主要水系	在省境内流域（平方公里）	占全省总面积（%）	主要河流（支流）
松花江水系	13.45 万多	71.8	松花江、嫩江及其支流（辉发河、饮马河、拉林河、牡丹江、洮儿河等）
图们江水系	1.92 万多	10.2	嘎呀河、布尔哈通河、珲春河
鸭绿江水系	1.55 万	8.3	浑江
辽河水系②	1.58 万	8.4	—
绥芬河水系③	0.2405 万	1.3	—

资料来源：依据《吉林省统计年鉴》整理得出。

吉林省水资源总量为 481.21 亿立方米，地下水资源量 137.88 亿立方米，地表水资源量 422.23 亿立方米。松花江流域水资源量为 389.39 亿立方米（2018 年），占全省水资源总量的 81.03%。辽河流域水资源量为 91.8 亿立方米（2018 年），占全省水资源总量的 19.08%。全省人均占有水资源量 1779.58 立方米。④ 如表 3 - 6 所示，吉林省水资源在总量、地下水和地表水资源总量方面在全国占比较

————————

① 刘建君：《吉林省海渔业发展概况》，《吉林农业》2014 年第 8 期。
② 在吉林省境内的主要是东辽河及西辽河的一小部分。
③ 在吉林省属于它的上游河源部分。
④ 吉林统计年鉴委员会：《2019 吉林统计年鉴》，吉林电子出版社有限责任公司 2020 年版。

小，分别为 1.66%、1.68% 和 1.51%。吉林省人均水资源尚未达到全国平均水平，只占全国平均量的 85.65%。以上数据表明，吉林省虽然是松花江、图们江等五大水系的发源地，但其水资源并不丰富。尤其是吉林省省会长春市是一个相对缺水的城市，而吉林市因有松花江流经该市，水资源相对丰富。水资源在吉林省省内不同地区分布不均衡，地区差异较为明显。

表 3-6　　　　　　　吉林省水资源及在全国比重

	吉林省	全国	吉林省占全国比重（%）
水资源总量（亿立方米）	481.21	29041.0	1.66
地下水资源总量（亿立方米）	137.88	8191.5	1.68
地表水资源总量（亿立方米）	422.23	27993.3	1.51
人均占有水资源量（立方米/人）	1779.58	2077.7	85.65

资料来源：依据《吉林省统计年鉴》和《中国统计年鉴》计算得出。

第二节　社会条件

　　农业发展需要的资源排在首位的即是自然资源，包括光照、气候、土地、森林、草场、水资源等，即使在现代化农业的发展过程中，优越的自然资源仍是必不可少的先决条件。除了自然资源外，农业人口的数量和质量也是非常重要的因素。在传统农业中，农业人口的数量直接影响着农业生产力。现代农业中，农业技术在农业发展中发挥着越加重要的作用。而农业技术的开发与使用，前者需要相应的农业技术开发人才，后者则需要农业人口素质和文化水平的提高，才能提高农业发展水平，实现农业的优化发展。当然，农业的发展也离不开政府政策的扶持。在世界大开放的格局下，良好的贸易环境也为农业发展提供了有利的流通条件。

一　劳动力
　　人口对于农业发展的影响体现在人口的数量和质量两个方面。一方面，人口数量的多少直接表现为对农产品数量及产品种类的需求。在人类发展的过程中，人口数量不断增加，对粮食、水果、蔬菜及肉类的需求数量也不断增加，这就要求农业生产不断加大投入，才能满足对农产品的需求。另一方面，人口质量也会影响农业发展。人口质量一般与其所处地区的生活水平有关，同时文化教育水平及素质也会影响人的质量。生活水平较高且接受较高水平的教育、素质较高的人对于食物等入口的东西的质量也会有较高要求。主要体现在对食物等农产品的质量方面。从而更加需求绿色、环保、有机的食物，而这种需求必然推动着农业向高级化、生态化方向发展。反之，在生活水平较低，生活贫困且文化水平较低地区的人而言，填饱肚子是第一需要，注重的是食物的量而非质，从而也会影响农业生产的发展水平。一般来说，前者农业发展较快而后者农业发展则相对缓慢。

对于劳动力的分析一般包括劳动力的数量和劳动力的质量两个方面。农业劳动力一般是指能参加农业劳动的劳动力的数量和质量。农业劳动力的数量，是指社会中符合劳动年龄并有劳动能力的人的数量，和不到劳动年龄或已超过劳动年龄但实际参加劳动的人的数量。农业劳动力的质量是指农业劳动力的体力强弱、技术熟练程度和科学、文化水平的高低。农业劳动力的数量和质量因受自然、社会、经济文化教育等各种因素的影响而处于不断变化之中。[1]

（一）吉林省乡村人口与全国其他地区的纵向分析

如图 3-2 所示，2000 年，吉林省人口总量为 2681.7 万人；2015 年达到 2753.32 万人，为历年最高；2019 年，吉林省全省总人口为 2690.73 万人。近 20 年间，人口总量呈现倒"U"形。2016 年以后，人口总量呈现出整体下降趋势尤其是 2016—2019 年，吉林省人口总量出现负增长，四年间人口总量共计减少 42.3 万人。依据各省份国民统计公报所示，吉林省总人口数量在全国排名第 21 位。据《中国统计年鉴》，至 2018 年年末，除北京人口较 2017 年减少 17 万人，全国各地区人口只有东北三省人口较 2017 年减少，其余所有地区人口

---

① 吴伟进、梁懂平、梁爽等：《农业经济学》，湖南人民出版社 1999 年版。

都较 2017 年增加。吉林省虽然是东北三省中常住人口减少数量最少
的省份，但减少比例却是最高的省份（吉林省：0.49%，黑龙江省：
0.44%，辽宁省 0.35%）①。2000—2019 年，吉林省人口总量增速在
2016 年降至最低点（−0.74%）后，略有回升，但总体仍呈现不断
下降趋势。

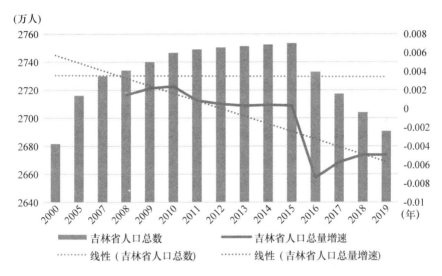

图 3−2　2000—2019 年吉林省人口总量及增速变化曲线

资料来源：依据《吉林省统计年鉴》整理计算得出。

　　一个地区的发展，人是最为关键和根本的要素。人口数量的减少
意味着经济活动中生产主体和消费主体的减少，这将直接影响该地区
的产品供给能力与消费能力，不利于该地区经济总量的提升，从而制
约地区经济社会发展水平的提高。吉林省人口总量的减少与人口增速
的下降，既与社会发展过程中人口繁衍的自然特征有关，也与自然条
件和经济发展水平密切相关。吉林省全年中有半年是漫长而寒冷的冬
季，相较于浙江、湖南等南方省份相比，农业、建筑业、旅游业等很
多产业都因零下十几度，甚至几十度的气候条件而受到极大影响。随

────────

　　①　依据各省国民经济发展公报计算得出。

着人们思想观念的转变、南北方信息的加速流通以及农业先进技术和机械设备的投入,地处东北的吉林省人不再"老婆孩子热炕头","猫冬"的现象亦不再普遍,越来越多的农业人口(包括农民,尤其是青年农民)在农闲季节到外地务工,以增加收入,改善生活,农忙时节则回乡收地。自然的和社会的各种因素促成了近年来吉林省人口外流日益明显,造成了吉林省人口,尤其是农业人口的日益减少。

图 3-3 表明 2000—2019 年吉林省乡村人口数量的变化,由图可见 2000 年的吉林省乡村人口总量是近 20 年来最多的年份,为 1349.9 万人,此后略有上升,自 2011 年以来一直处于下降趋势。2011—2018 年,乡村人口减少 132.18 万人。至 2019 年,吉林省乡村人口为 1122.80 万人。吉林省乡村人口总量增速总体呈现下降趋势,吉林省人口在 2016 年以来,连续四年为负增长;2019 年,增长速度与 2018 年保持相同为 -0.49%;而乡村人口则连续八年负增长,2018 年负增长达到最高值为 -2.51%。

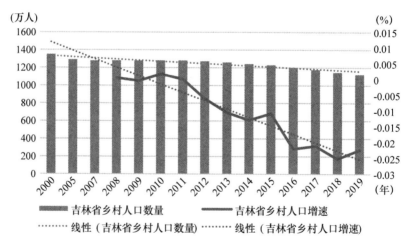

图 3-3　2000—2019 年吉林省乡村人口数量及其增速变化曲线

资料来源:依据《吉林省统计年鉴》整理计算得出。

吉林省总人口量与吉林省乡村人口总量都表现出不断减少的趋势,但如图 3-4 所示,吉林省乡村人口增速下降幅度与吉林省人口总量下降幅度的差距在不断加大。2012 年，吉林省总人口数量增速是正的 0.05%，而乡村人口增速已经为 - 0.61%。乡村人口在迅速减少。

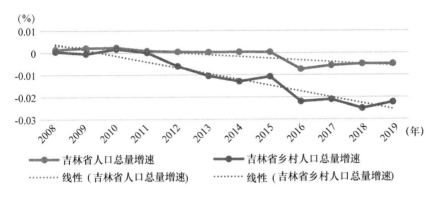

图 3 - 4　2000—2019 年吉林省人口总量与乡村人口总量增速变化曲线

资料来源：依据《吉林省统计年鉴》整理计算得出。

吉林省乡村人口的减少除前述分析的受自然条件等各种因素的影响外，还与经济社会发展过程中城市建设，如农村征地及城市化进程的推进，如人口迁移有关。另外，人口的出生率、死亡率及自然增长率也会影响人口数量的变化。当然后者的变化受国家生育政策的改变（二孩政策、三孩政策）、国民健康水平的提高以及人口总量变化的影响，吉林省乡村人口变化是不以主观意识为转移的。而前者则直接影响了吉林省乡村人口数量的变化。乡村人口数量的减少在一定程度上影响了农业的发展，但是，随着农业产业结构的不断合理化和高度化、农业发展水平的提高，尤其是农业技术在农业发展中的应用，农业对于人口数量的依赖程度将明显下降，而这也是现代农业与传统农业最显著的区别之一。

需要指出的是农业劳动力中男女性别比例的构成也在一定程度上影响农业发展。传统农业对于男劳动力的依赖高于女性。也因此，我国古代就有"养儿防老"这一说法，当然该说法源自我国传统的婚俗习惯以及数千年来不完善的社会保障体系，但也不可否认的是男性劳动力以其体力的优势在农业生产中占有重要地位。社会发展至今,虽然社会保障体系在不断完善,农业生产中男性劳动力比例高于女性仍是不争的事实。2017 年,吉林省农村劳动力为 741.86 万人,男劳动力比女劳动力多 85.06 万人。[①] 吉林省农业发展中男劳动力的作用略高于女劳动力。同理,未来农业发展过程中,性别对于农业发展的影响将会呈现逐渐弱化的趋势。

（二）吉林省乡村人口变化的横向比较

如图 3-5 所示,至 2018 年年末,吉林省乡村人口占全省人口的 42.47%,高于全国平均水平 2.05 个百分点。乡村人口比重依由低到高的顺序在全国排在第 18 位。乡村人口高于全国平均水平的 18 个地区中,近 2/3 都是我国的中西部地区。这一数据一方面说明了吉林省的城镇化比率在全国属于中下游;另一方面也说明吉林省农村人口比重较高。这意味着农村人口总数和比重都较高,表明吉林省农业劳动力人口较为充足,能为吉林省农业发展提供人力支撑。

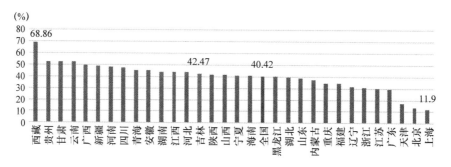

图 3-5 我国各地区乡村人口在本地区人口比重

资料来源:依据《中国统计年鉴》计算得出。

（三）农业劳动力素质分析

农业发展除具备较为充足的劳动力外,还需要较高的劳动力素质。农业劳动力的质量是指农业劳动力的体力强弱、科学、文化水平

---

① 吉林统计年鉴委员会:《2018 吉林统计年鉴》,吉林电子出版社有限责任公司 2019 年版。

的高低以及技术（尤其是农业技术）熟练程度等。2018 年，吉林省提出 2025 年在全国率先实现农业现代化的目标，这需要大量的高素质农业人才。近些年来，吉林省农村劳动力的受教育程度有所提高，尤其是青壮年农民的文化水平在提高，在完成义务教育的基础上，具备高中教育水平的农民数量在增加。随着生活水平的提高，农业劳动力的健康状况好于以往，体力也在不断增强。随着农业科技下乡、农业技术培训等项目的展开，农业劳动力对农业技术的了解和掌握程度也在不断提高。此外，吉林省拥有吉林农业大学、吉林省农业科学院以及其他农业技术学校，为农业高技术人才的培养提供了条件与基础。

农业劳动力在数量和质量上的变化直接影响劳动力的供给，进而影响农业生产效率与农产品的质量，是农业发展的人力资本。吉林省农业劳动力虽然在数量上呈现下降趋势，但在素质和质量方面有所提高，综合农业未来发展对农业劳动力的需求来看，吉林省的农业劳动力可以满足本省农业发展以及农业产业结构优化的需要。

二　技术

农业生产技术水平的高低是影响农业发展的直接因素。农业生产技术体现在农具、化肥、种植等方面，生产技术水平的提高可有效提高农业耕作效率，提高农产品产量，加速农业生产的发展。人类自产生之日起，从原始的狩猎、耕种到现代的大规模农业生产，无不体现出技术在农业发展中的应用。技术水平与农业发展两者之间成正相关。技术水平越高，则农业发展水平越高，反之亦然。现代农业发展对与农业相关的技术提出了更为广泛和更高的要求。传统农业发展过程中，对于自然条件的依赖性强，随着工厂农业等现代农业生产方式的引入，农业的生产条件发生一定程度的转变，更需要农业生产技术的改进与创新。

吉林省农业发展过程中，以农业科学院、吉林农业大学等农业科研院所和高等农林院校为依托，在大量培养涉农专业人才、创造大量农林科技成果的同时，以线上、线下培训为手段，对种植、养殖、渔业等细分产业依据不同的农时对农民进行技术培训，有效提高了农业技术在农业发展中的运用。2019 年，除农业类院校及科研院所外，吉林省全省设有 736 个农业技术推广站，663 个畜牧兽医站，11 个气象台和 55 个气象站①，为吉林省农业发展提供了较为充足的技术支撑。

三　政府政策

自古以来，中国历代君王都很重视农田水利建设，这种类似于农业产业政策的推行使农业在中国 2000 多年的封建社会中一直处于各产业发展之首，这其中当然有皇帝自身政治统治的需要，但国家对农业相关政策的出台有力地促进农业的发展。进入现代社会，制造业、服务业快速兴起，吸引了大量劳动力就业和资金投入，但农业在国民经济体系中的基础性地位丝毫没有动摇。各个国家对于农业仍在农产品价格、农民收入及农业用具等方面采取各种优惠支持政策以保证农业生产的发展。可见国家政策在农业发展过程中的重要作用。

吉林省是东北老工业基地，也是商品粮基地。政府政策为吉林省农业发展给予了有效保障。据吉林省农业农村厅网站统计，除了贯彻落实国家农业部、财政部等部委发布的政策外，吉林省政府针对本省农业发展的具体情况，出台了与农业产业相关的诸如农机补贴、农民增收、农业产业融合、新型城镇化发展规划等文件。"十二五"以来的十年间，吉林省政府颁布实施的与农业有关的政策数量如表 3 - 7 所示。

表 3 - 7　　　吉林省政府颁布实施的与农业有关的政策数量

年份	2011	2012	2013	2014	2015	2016	2017	2018	2019	2020.3
文件数量	1	0	2	6	13	22	9	10	15	3

资料来源：依据吉林省政府网络所列文件整理得出。

---

①　吉林统计年鉴委员会：《2020 吉林统计年鉴》，吉林电子出版社有限责任公司 2021 年版。

表 3 - 7 显示"十三五"时期，吉林省政府出台的农业相关文件明显增多，尤其在 2016 年，文件数量达到 22 个，其中涉及更加广泛的农业发展领域和范围。

除了上述政策以外，吉林省及各级地方政府还出台了适合本地区农业发展的法规，这在一定程度上保障了农业生产的有序进行。

四　贸易环境

农业是满足人们基本生存需要的产业，随着各国间贸易往来的不断加强，农产品的进出口成为各国间贸易的重要组成部分。如果与农业相关的贸易环境较好，各国农业生产积极性就会较高，就越有利于农业生产的发展。相反，如果各国间贸易环境较为恶劣，贸易保护政策增强，关税提高，农产品检验检疫标准不断提高，尤其是前两项外贸政策，将不利于农产品的进出口，从而不利于本国农业的发展。

近年来，吉林省出口的农产品主要有肉、水海产品、天然蜂蜜、填充用羽毛、羽绒、中药材、蔬菜、鲜、干水果及坚果、粮食以及食用油籽等。进口农产品主要有水海产品，主要是冻鱼、冻鱼片，鲜、干水果及坚果，粮食以及酒类等。与吉林省有进出口往来的国家遍及亚洲、非洲、欧洲、拉丁美洲、北美洲以及大洋洲六大洲的 55 个国家和地区，以及联合国组织、东盟和欧盟等。与日本、韩国、泰国以及俄罗斯等邻国在农产品进出口方面都保持着较为密切的贸易往来。

良好的贸易环境有利于吉林省农业生产的发展和农业技术水平的提高，对吉林省经济发展也起到积极的促进作用。

第三节　吉林省农业产业布局

产业布局理论的鼻祖，德国人杜能早在 1826 年写的《孤立国同农业和国民经济的关系》一书里就提出了农业圈层理论。依据较为严格的假设条件，提出了农业的区位布局思想。农业布局对自然条件的依赖性极大，尤其是在现代技术应用于农业之前。随着技术创新在农业领域的不断应用，灌溉新技术、新品种、新的种植方式以及现代化新型农业机械及器具等的出现，使农业在一定程度上突破了光照、气候、土地、水等自然条件的约束，但仍不可否认的是自然条件在农业布局中的重要影响，吉林省的农业布局就是这样。

截至 2019 年 6 月，吉林省辖 8 个地级市：长春市、吉林市、四平市、通化市、白城市、辽源市、松原市和白山市；1 个自治州：延边朝鲜族自治州；60 个县（市、区）和长白山保护开发区管理委员会，如表 3 - 8 所示。

表 3 - 8　　　　　　　　　　　吉林省各地区分布

吉林省地辖市	所含县（市、区）
长春市	南关区、朝阳区、绿园区、二道区、双阳区、宽城区、九台区、榆树市、德惠市、农安县
吉林市	船营区、龙潭区、昌邑区、丰满区、磐石市、桦甸市、蛟河市、舒兰市、永吉县
延边朝鲜族自治州	延吉市、图们市、敦化市、和龙市、珲春市、龙井市、汪清县、安图县
四平市	铁西区、铁东区、公主岭市、双辽市、梨树县、伊通满族自治县
通化市	东昌区、二道江区、集安市、通化县、辉南县、柳河县、梅河口市
白城市	洮北区、洮南市、大安市、镇赉县、通榆县
辽源市	龙山区、西安区、东丰县、东辽县
松原市	宁江区、扶余市、乾安县、长岭县、前郭尔罗斯蒙古族自治县
白山市	浑江区、江源区、临江市、抚松县、靖宇县、长白朝鲜族自治县

资料来源：依据《吉林省统计年鉴》整理得出。

将农业进一步细分为农、林、牧、副、渔业，是人们的习惯性称法。即所谓"五业"的提法。因袭相传，习以为常。直到现在，我国农村仍用"农林牧副渔"，作为农业的统称，即广义的农业，就是我们平常所说的种植业、林业、畜牧业、副业和渔业。依吉林省的自然条件和社会发展条件，这些细分产业在吉林省 8 市 1 州中的布局也因各地区的地形地势特点不同，表现出有差异性的分布。

一 种植业布局

如前所述，种植业通常是利用土地资源和植物的生活机能，进行种植生产、人工培育以取得粮食、副食品、饲料和工业原料的社会生产部门，是农业的主要组成部分。具体包括各种农作物、林木、果树、药用和观赏等植物的栽培。我国的种植业一般包括粮、棉、油、糖、麻、丝、烟、茶、果、药、杂等作物的生产，也就是我们所说的狭义的农业。

种植业产业布局对于自然条件和自然资源的依赖性很强，吉林省的地形、地貌、土壤成分以及气候等自然条件在一定程度上决定了吉林省种植业的产业布局和主要集中分布区。吉林省西北部地区地势平坦，以平原地区为主，耕地也主要分布在西北方，长春以西以北都是耕地。东南部大部分是丘陵山区，吉林市和辽源市以东、以南以山地为主。以G102国道大概分界，西边耕地多，东边山地多。中部开始的西北部地区旱地占据主要分布，即吉林市、四平市、松原市和长春市的旱地较多，伴有部分水田，玉米是这些地区最主要的种植作物，其次是水稻、大豆和薯类、瓜类等部分杂粮。延边朝鲜族自治州、白山市、通化市的山地较多，尤其是通化市属于多山地区，较多种植葡萄，用于葡萄酒的生产，此外还有人参、木耳、菌类等作物。

在吉林省种植业中，最为突出的就是玉米。吉林省的北纬40°—42°、东经125°—128°，即吉林省的中部地区，松辽平原腹地是世界三大黄金玉米带之一，另外两大玉米带是同纬度的美国玉米带和乌克兰玉米带。所谓黄金玉米带是指这一地带的降水、日照及土壤条件等最适合玉米的种植生长。吉林省玉米带分布于吉林省的6市22个县（市、区）（见表3-9），总面积6万多平方公里，占吉林省总面积的30%以上；耕地299.75万公顷，占吉林省耕地面积的75.1%；粮食作物面积254.1万公顷，占吉林省播种面积的75.7%；年总产量530亿斤，占吉林省玉米总产量的82%。该玉米带的核心区域为长春平原，具有三大独特的地理优势：年平均400—800毫米的丰沛降水、年日照近3000小时、肥沃的黑土地，造就了高品质的玉米油原料。

黄金玉米带的玉米含油量平均比其他地区平均高0.3%，蛋白质含量比其他地区平均高0.5%。①

表3-9　　　　　　　　吉林省玉米主要产区分布

长春地区	九台市、榆树市、德惠市、农安县、双阳区
吉林地区	永吉县、舒兰市、磐石市
四平地区	公主岭市、梨树县、伊通县、双辽市
松原地区	扶余县、前郭县、长岭县、乾安县、宁江区
白城地区	通榆县、大安市、洮南市
辽源地区	东辽县、东丰县

资料来源：作者整理得出。

因为地处黄金玉米带这一独特的优势，吉林省承载了极大的粮食生产能力。从2013年开始，粮食总产量达到700亿斤水平，2017年全省粮食总产量达到744亿斤，位居全国第四位，粮食单产水平7405.5公斤/公顷，位居全国第二位，为保障国家粮食安全做出了重要贡献。

二　林业布局

林业是农业的重要组成部分，林业既可以提供经济社会发展的建筑用木材、薪材等林产品，同时也可以防风固沙，在维持生态平衡，保护环境中发挥重要作用。在绿色发展过程中，林业的发展充分体现了其经济性、生态性和社会性的有机结合。林地是林业存在的自然基础，林地上覆盖着成片的天然林、人工林和次生林，既有苗圃、幼林，也有材林、经济林、薪炭林、防护林等成林。

吉林省地处全国六大林区（一般认为六大林区为东北林区、华北林区、华东林区、中南林区、西南林区和西北林区）之一的东北林区，木材积蓄量7亿立方米，是全国重点林业省份之一。据吉林省林

① 任林举：《吉林"黄金玉米带"是荣耀的王冠，还是沉重的翅膀？》，《黑龙江粮食》2017年第6期。

业和草原局官方数据，全省现有林业用地面积937.6万公顷，有林地面积822.1万公顷，活立木总蓄积9.88亿立方米，森林覆盖率43.9%。全省有省级以上森林公园57个，面积258万公顷，其中国家级森林公园35个，省级22个。设有临江林业局、红石林业局等国有林业局18个，森林经营局4个。

吉林省林业布局与吉林省地形分布密切相关，在中部大黑山以东、以南地区分布着针叶林、阔叶林、针阔混交林以及国家特别规定的灌木林等林业资源，全省各地区中通化市、延边州和白山市的林木资源相对丰富。

位于吉林省东部，在吉林省和朝鲜民主主义人民共和国边境，国内位于延边朝鲜族自治州和白山地区境内的长白山区，面积8000多平方公里，分布着大量的温带针阔叶混交林，拥有红松、落叶松、冷杉、云杉、赤松、柞树、水曲柳、黄菠萝等树种，共有高等植物1500余种，其中经济价值较大的植物800多种。长白山区素有"长白林海"之称，林区内被称为"美人松"的"长白松"是长白山区特有的珍稀树种。植物种类繁多的长白山区是我国重要的生态屏障，在东北地区，甚至东北亚地区的生态系统中都占有重要位置。

三 畜牧业布局

畜牧业可以依据具体环节的不同细化为两大部门：一是以放牧、圈养或者两者结合的方式，饲养畜禽以取得动物产品或役畜的生产部门。[1] 在饲养和驯养环节主要包括牛、马、驴、骡、骆驼、猪、羊等牲畜饲牧，鸡、鸭、鹅、兔、蜂等家禽饲养，以及鹿、貂、水獭、麝等野生经济兽类驯养等。二是以饲养、繁殖为基础，进一步取得肉、蛋、奶、羊毛、山羊绒、皮张、蚕丝和药材等畜产品的生产部门。当然，这两大部门在具体生产环节上既有分割又有共存。例如，既专门饲养牛、马、驴、骡等牲畜或役畜，同时也有专门的环节对饲养的牲畜进行屠宰，二者可能存在分离，分属不同生产环节，也存在共存的

---

① 陈金林：《我县畜牧业发展的现状》，《兽医导刊》2020年第11期。

状态，如蜂农养蜂的最终产品即是蜂蜜。传统畜牧业发展依赖于草场、林地、草原等。吉林省位于七个畜牧业地域类型区①之一的东北区。吉林省畜牧产品主要有：生猪、肉牛、奶牛、肉鸡、肉羊、鹅、鸭、鹿、貂、狐、貉、林蛙和蜂等。

随着现代畜牧业的发展，吉林省打破传统畜牧业区划方式，对农牧资源加以整合利用，强化区域融合发展，区域特色逐步显现。吉林省现有各类种畜禽场 300 个，建立了延边黄牛、松辽黑猪、长白山中蜂等品种资源保护场，特色地方优良品种保护开发取得重大进展，延边黄牛和松辽黑猪纳入国家品种名录。畜牧业分布如表 3-10 所示，公主岭、榆树、德惠是吉林省肉类的主要产区，抚松、安图、汪清等则是林蛙、蜂等经济类畜产品的主要产区。

表 3-10   吉林省畜牧业主要分布及其产出量

种类	地区	具体分布	产量
生猪	中部农区	公主岭、农安、榆树、梨树等 10 个县（市）	饲养量超 100 万头
肉牛	中部农区	榆树、梨树、德惠、伊通等 9 个县（市）	30 万头
奶牛	中部西部	洮南、前郭洮北区等 5 个县（市）	存栏量超 1 万头
肉鸡	中部农区	德惠、农安等 9 个县（市）	饲养量超 1000 万只
蛋鸡	—	前郭、榆树等 5 个县（市）	存栏量超 500 万只
肉羊	西部草原区	长岭、通榆等 7 个县（市）	饲养量超 50 万只
鹅、鸭	—	农安、长岭等 6 个县（市）	饲养量超 400 万只
鹿	—	双阳、东丰等 6 个县（区）	饲养量超 1 万只
貂、狐、貉	—	大安、昌邑等 9 个县（区）	—
林蛙	—	抚松、靖宇等 10 个县（区）	—
蜂	长白山区	安图、汪清等 10 个县（市）	—

资料来源：作者据《吉林省统计年鉴》整理。

---

① 中国畜牧业划分为七个畜牧业地域类型区：即青藏高原区、蒙新高原区、黄土高原区、西南山地区、东北区、黄淮海区、东海区。

四 渔业布局

渔业是指捕捞和养殖鱼类以及其他水生动物、海藻类等水生植物以取得水产品为生产、生活提供工业原料和食品的社会生产部门，是广义农业的重要组成部分。按水域可分为海洋渔业和淡水渔业；按生产特性分为养殖业和捕捞业。吉林省作为内陆省份，渔业以淡水渔业和养殖业为主。

渔业生产以水域为基础，因此水域分布决定着渔业布局。吉林省境内分布着松花江、鸭绿江、图们江、辽河、绥芬河五大水系，总水域面积960万亩，其中养鱼水域面积约400万亩。吉林省人均占有内陆水域面积位列全国第三位，可养鱼水域面积在全国排第八位。吉林省目前以池塘、水库、湖泊养殖为主，网箱、稻田、围栏养殖正在兴起。吉林省将自然泡沼进行简单修建和利用，与国家"2814"项目开发的规范性并举，在白城、德惠、农安和伊通等地形成成规模的大片池塘，且池塘面积逐步增加。查干湖、新立城、二龙湖、白山湖等中西部，具备丰富的泡塘和稻田资源优势，"稻蟹"共生的种植模式得以推广。通化、白城、镇赉、东辽等已经进行稻田养鱼、蟹20000亩。① 据省农业农村厅渔政局提供的数据，2018年，全省稻田养殖面积达到65.9万亩。

---

① 刘建君：《吉林省渔业发展概况》，《吉林农业》2014年第8期。

第四章

吉林省农业发展历程与现状

吉林省农业的发展既与自身所处的地理位置和具备的自然条件、自然资源有关，也受到不同历史阶段中发展政策与发展环境的影响。历史的和现实的各类因素共同构成了吉林省农业的发展历史与现实情况。

第一节　吉林省农业发展历程

吉林省农业的发展史存在于我国及我国农业的发展史之中。

我国是人类的发祥地之一，在"构木为巢""钻燧取火"和"以佃为渔"的旧时器时代，即170万年至1万年前，我国尚未产生农业。随着人口的增长和采集渔猎的强化，饥饿成为人类常常面临的威胁，为填饱肚子，人类开始通过各种方式寻找、获取食物，我国农业自此起源并逐渐获得发展。在距今1万年至4000年前的新石器时代，采集活动和狩猎活动孕育了种植业和畜牧业，原始农业得以产生。到了五六千年前，黄河流域的原始农业进一步发展。在经历了1300多年的夏、商、周奴隶制时代后，我国的农业仍处于粗放农业阶段。春秋战国时期，农业生产由粗放农业向精耕农业转变。秦汉时期，继承了春秋战力时期的农本思想，兴修水利，劝课农桑，精耕细作的农业传统已基本形成，农业生产获得较大发展。

黄河流域是我国古代的经济重心，春秋战国至魏晋南北朝时期我国主要农业区在秦岭和淮河以北，全国70%以上的人口居住在黄河流域，因此北方传统农业发展较快。而长江以南的广大地区直到公元3世纪时，农业生产基本上仍然是"火耕水耨"的粗放经营。直到隋唐时代，唐中期以后，为了免受战乱侵害，大量北方人南下，使得南方农业得以快速发展，我国的经济重心也随之南移。宋元时期，随着全国经济重心进一步南移，东南太湖地区已成为国家经济命脉，农业生产水平远远超过北方。① 由我国古代农业发展历史可见，农业在我国历史悠久。尤其是隋唐之后农业发展更加迅速。种植业精耕细作，畜牧业蓬勃发展。种植范围、农产品种类、农业技术等方面都不断改进与发展。

与全国农业发展历史相比，吉林省农业发展历程则表现出一定的不同之处。吉林省地处中国东北。东北地区也是中华文明的发祥地之一。从史前到夏商周，东北地区在祖先和各民族的繁衍、生息中孕育并发展着自己的文明，农业也获得了相应的发展。到公元689年渤海国政权建立之时，松花江流域水稻种植已经有了一定发展，吉林地区的水稻作为贡品每年都要进贡到长安。此后的1000年里，在辽、金、元、明、清不同朝代的更替中，农业与手工业逐渐得到发展。1644年，清军大举入关，统一全国，明朝灭亡。"白山黑水"是满族发祥地。满族取得政权以后，以东北为"龙兴之地"，定盛京为"陪都"，对东北实行"特别之制"的治理办法。随着人口增加，土地开垦，中原先进生产技术的推广，东北农业生产的基本轮廓大致形成。在农业发展的同时，商业、手工业随之兴起。

地处东北地区中部的吉林省，自古以来，其农业发展与不同朝代的政策密切相关，尤其是清朝政府的政策使吉林省农业发展出现较大波动。东北地区是清代满族的发祥地，清朝入关后一直非常重视这块"龙兴之地"，对东北地区实行了全面封禁的政策，吉林地区也不例外，但从顺治到光绪九年的300年时间里，随着清廷反抗沙俄入侵，

---

① 中国古代农业发展史，http://www.360doc.com/content/17/0821/09/8448336_680786744.shtml.

流民冲破封禁，吉林地区的农业逐步得到开发。顺治、康熙年间，北方沙俄势力入侵，在黑龙江集结重兵，清廷为反击沙俄，增加八旗兵力部署，并将土地划拨给旗人，作为衣食之源。同时设置官庄，由流徙发遣罪犯充当庄丁，开垦土地，解决军粮问题。吉林农业得以获得一定程度的开发。自雍正开始，愈来愈多的关内汉族流民流入吉林，至嘉庆年间，流民私垦土地浪潮虽经清廷禁止治理，但仍持续延续并波及吉林伊通河流域，农业进一步得到开发。鸦片战争以后，西方列强武力打开中国大门，其中日俄与东北界临，面对内外交困的形势，清廷不得不提出以土地开发为先导的东北开禁放垦政策，以加强边务，开禁突边，直接促进了吉林农业由局部到全部的开发①，也促进了吉林农业由传统农业向近代农业转化。

清朝灭亡后，近代中国进入军阀混战的局面。1931 年"九·一八"事变以前，东北凭借着自身得天独厚的矿产资源和森林资源在一定程度上发展了工业，与农业相关的面粉业、榨油业等轻工业得以较快发展。"九·一八"事变以后，日本入侵东北，日本大量资本流入东北，投资于煤炭、钢铁、石油等行业，将低端的制造技术留在东北，同时将矿产资源不断运往本土。抗战胜利后，日本对于东北的工业"能带走就带走，不能带走的就毁灭"，东北工业处于瘫痪状态。东北的长年战乱，加之日本对于东北工业的控制，此阶段的农业基本停滞。

中华人民共和国成立后，为建立工业体系，东北工业基地形成，以此为背景，作为工业发展原料和投入品的农业获得快速发展，但为支持工业，农产品价格较低，剪刀差的存在使东北地区的农民收入较低，农民生活水平无法明显提高。虽然作为我国的粮仓和黄金玉米带，但吉林省农业发展水平并不高。

2003 年，时任国务院总理的温家宝两次赴东北，实地考察了部分国有大企业，多次召开座谈会讨论振兴东北老工业基地大计。同年 10 月，中共中央和国务院发布了《关于实施东北地区等老工业基地振兴

---

① 刁书仁：《清代吉林地区农业开发的特点》，《中国农史》1992 年第 1 期。

战略的若干意见》。12 月 8 日，老工业基地领导小组成立，协调有关部门采取积极措施，支持东北老工业基地振兴。在振兴东北老工业基地的过程中，随着吉林省农业技术的投入和农业财政补贴的加强，吉林省农业又获得发展。借助先天的自然条件和已有的社会条件，在我国四大类商品粮基地中，吉林省所处的东北商品粮基地粮食商品率最高，发展潜力最大。

2015 年 3 月，十二届全国人大三次会议期间，习近平总书记参加吉林代表团审议。同年 7 月，习近平总书记到吉林省视察，总书记指出，吉林省要率先实现农业现代化，争当现代农业建设排头兵。经过近五年的建设，吉林省粮食总产量连续超过 700 亿斤，新建高标准农田 550 万亩以上，主要粮油作物自主创新良种普及率达 100%。吉林省现有国家级全程机械化示范县 16 个，全程机械化主体 537 个，国家级现代农业产业园 2 个、新评选省级产业园 10 个、创建单位 22 个，总量达到 32 个，省级特色农产品优势区 20 个，农业可持续示范区 8 个、国家绿色原料标准化生产基地 22 个。吉林省农业信息化建设成效明显，国家信息进村入户整省推进示范工程全面实施，省级信息进村入户管理和服务平台上线试运行，农业卫星数据云平台及农业农村大数据建设工程有序推进。①

第二节　吉林省农业发展现状

作为东北老工业基地的重要组成部分、商品粮基地，吉林省农业经过多年发展，其产值在吉林省地区生产总值中占有重要地位。截至 2019 年年末，吉林省总人口 2690.73 万人，实现地区生产总值（GDP）11726.82 亿元，人均地区生产总值实现 43475 元。② 吉林省

①　张力军：《"五大举措"凝心聚力推进农业现代化》，《吉林月报》，2019 年 10 月 15 日。

②　吉林统计局、国家统计局吉林调查总队：《2020 吉林统计年鉴》，吉林电子出版社有限责任公司 2020 年版。

农业发展主要表现在以下几个方面。

一 农业总产值总体上升但有波动，在全国居中后位

吉林省在地理上虽接近亚寒带，但发展农业的自然条件相对丰富，随着农业技术的改进与投入，近些年来，吉林省农业总产值持续增加。如图 4-1 所示，1997—2019 年，吉林省农业总产值总体呈现增长趋势，2015 年达到最大值，2015 年以后开始下降，至 2019 年又有所回升。虽然产值总体上升，但 2000 年和 2018 年则出现相对下降的情况，表现出产值的波动。

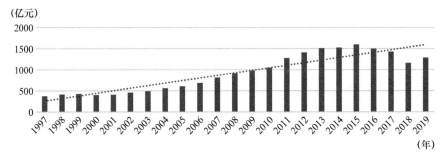

图 4-1 1997—2019 年吉林省第一产业总产值变化情况

资料来源：依据《吉林省统计年鉴》整理计算得出。

从全国范围看，吉林省农业总产值在全国居中后位。以 2018 年全国各省份的第一产业产值作为数据源，如表 4-1 所示，将全国第一产业产值以 1000 亿元为界划分为五个层次：第一层次，第一产业产值超过 4000 亿元的有 4 个省份；第二层次，产值为 3000 亿—4000 亿元的有 5 个省份；第三层次，产值为 2000 亿—3000 亿元的有 5 个省份；第四层次，产值为 1000 亿—2000 亿元的省份有 8 个；第五层次，产值在 1000 亿元以下的有 8 个地区。依此划分可知，吉林省第一产业产值为 1000 亿—2000 亿元，在全国排名第 21 位，属于中后位置。位于吉林省第一产值后面的要么是直辖市，代表着我国经济发展水平最高的地区；要么是广西、海南等旅游资源丰富的地区；要么是西北地区如山西等煤炭资源丰富的省份。

如图 4 - 2 所示，吉林省农业产值总量远低于排名第一批次的山东、四川、河南和江苏四省，总量在全国排名第 21 位。北京、上海、天津三个直辖市的农业产值虽然排在第四批次，即总产值在全国居后位，但这并不意味着北京、上海和天津的农业发展落后，而是此三个地区的产业结构已经达到了学界比较公认的高级化水平，而高级化中的产业结构中第一产业的比重相当低，农业产值总量也相应减少。在同样处于东北的黑、吉、辽三省中，黑龙江和辽宁分属第二层次、第三层次，吉林省在第四层次。

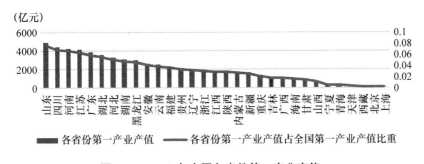

图 4 - 2　2018 年全国各省份第一产业产值

表 4 - 1　　　　　　　　　不同省份第一产业产值划分

产值范围（亿元）	省份
4000 以上	山东、四川、河南、江苏
3000—4000	广东、湖北、河北、湖南、黑龙江
2000—3000	福建、安徽、云南、贵州、辽宁
1000—2000	浙江、江西、陕西、内蒙古、新疆、重庆、吉林、广西、海南
1000 以下	甘肃、山西、宁夏、青海、天津、西藏、北京、上海

资料来源：依据《中国统计年鉴》整理得出。

二　农业对经济增长贡献率始终最低且呈略降趋势

经济增长贡献率用来描述经济增长中各因素作用大小的程度。其计算公式为：

贡献率（％）＝某因素贡献量（增量或增长程度）/总贡献量（总增量或增长程度）×100％

上式实际上是指某因素的增长量（程度）占总增长量（程度）的比重。

依据公式可计算 2005—2018 年，吉林省三次产业对经济增长的贡献率。如图 4 - 3 所示，三次产业中，第二产业对经济增长的贡献呈现下降趋势，在 2017 年达到最低点，随后又出现反弹。第三产业对经济增长的贡献率在 2016 年之前都低于第二产业，但 2016 年之后，超过第二产业，成为对经济增长贡献最大的产业。也就是说 2017 年以后，国民经济中超过 50％ 的经济增长是由第三产业带来的，并且第三产业对经济增长的贡献率是呈逐年增加的趋势。第一产业，即农业，对经济增长的贡献率在三次产业中始终是最低的，只有 2005 年和 2015 年超过 10％，且总体呈现出略有下降趋势。可见，未来吉林省农业需要从技术、农产品附加值等方面进行不断提高，才可能提高农业在吉林省三次产业中的贡献率。

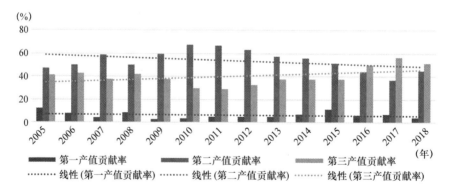

图 4 - 3　2005—2018 年吉林省三次产业对经济增长贡献率变化趋势

资料来源：依据《吉林省统计年鉴》整理计算得出。

如图 4 - 4 所示，1997—2019 年，三次产业的产值总体呈现不断增长趋势，与第二、第三产业明显的增长趋势相比较，第一产业虽然也呈现增长态势，但相对比较平缓，第二、第三产业的总量增长远远

超过第一产业。1997 年，吉林省第一、第二、第三产业产值分别为
375.1 亿元、570.1 亿元和 505.2 亿元；至 2019 年，吉林省第一、第
二、第三产业产值分别为 1287.32 亿元、4134.82 亿元和 6304.68 亿
元。22 年间，三次产业的产值分别增加了 3.43 倍、7.25 倍和 12.48
倍。农业产值虽然也有 3.43 倍的增长，但其增长的倍数远低于第二
次产业、第三次产业。2016 年开始，第一产业增加值开始下降，第二
产业也出现下降趋势，相比而言，第三产业产值则仍然保持增长态
势。在产业结构不断调整的过程中，第一产业增加值占比进一步减
少。在地区生产总值不断增加，人均国民收入提高的过程中，以农业
为主的第一产业产值比重下降符合库兹涅兹、钱纳里等经济学家研究
的产业结构变化规律，表明吉林省总体产业结构在不断调整，逐步向
产业结构优化迈进。

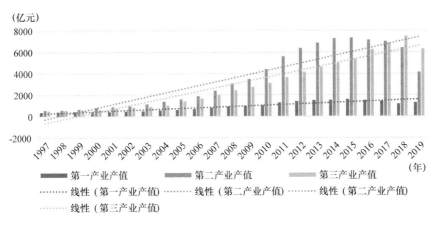

图 4 - 4　1997—2019 年吉林省三次产业产值及变化趋势

资料来源：依据《吉林省统计年鉴》整理计算得出。

如图 4 - 5 所示，长期以来，吉林省三次产业始终保持"二三一"
结构，即橄榄型，虽然第一产业产值比重保持下降趋势，但直到 2007
年之前，第一产业产值占比始终高于 20%；2008 年之后，第一产业
占比小于 20%；到 2018 年降至最低，2019 年又略有回升。第二产业
占比则始终占有主要位置，"十二五"时期，占比甚至有所提高，占

据了三次产业产值的半壁江山；"十三五"时期开始下降；2017 年，第三产业比重超过第二产业，产业结构类型转化为"三二一"的倒金字塔形。

产业结构类型可以在一定程度上反映一国或一地区的工业化水平，"二三一"型产业结构说明吉林省仍处于工业化中期阶段，而转化为"三二一"型，则表明吉林省已经进入工业化后期。从全国范围内来看，我国在 2012 年产业结构由"二三一"型转化为"三二一"型。可见，从产业结构类型来看，吉林省工业化进程落后于全国工业化水平。

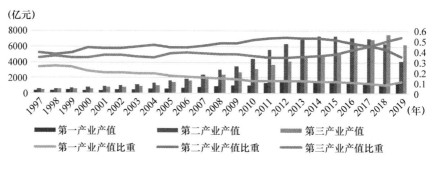

图 4 - 5 1997—2019 年三次产业比重

资料来源：依据《吉林省统计年鉴》整理计算得出。

按照三次产业的发展规律，第一产业在三次产业结构中所占的比重将不断下降。第二产业比重相对平稳，第三产业比重则不断增长。1997—2019 年的 22 年间，吉林省三次产业结构与发达国家高级产业结构相比，虽然变化较为缓慢，但基本符合产业结构的发展规律。只是第一产业下降的速度相对缓慢，且在 2019 年又有上升，这与我国发达地区和国外发达国家的产业结构相比，还表现出较大的差距，当然这也说明吉林省产业结构还有较大的提升空间。

由图 4 -6 可见，在全国 31 个省、自治区和直辖市中，第一产业产值在三次产业中占比最高的是海南省为 20.7%，其次是黑龙江省（18.3%），全国第一产业产值占比的平均水平为 7.2%。吉林省第一产业产值比重为 7.7%，高于全国平均水平。

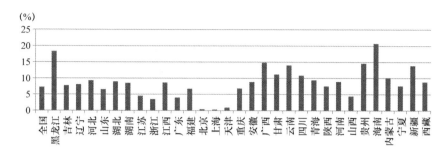

图4-6 各省份第一产业在地区生产总值中的比重

资料来源：依据《中国统计年鉴》整理得出。

三 农业产出种类丰富

从广义农业角度，农业产出包括农作物产出、畜牧业产出、林业产出及渔业产出。吉林省的农作物产出主要有谷物（稻谷、小麦、玉米等）、豆类、薯类等粮食作物，以及油料、麻类、甜菜、烟叶、蔬菜及园林水果等，其中玉米、稻谷和蔬菜在农作物产出中占比最高。在粮食作物中以玉米的产量占比最高，达到77.07%（2018年）；其次为稻谷18.29%（2018年），在其他植物类产品中，蔬菜和瓜果类水果的产量分别达到438.15万吨和122.47万吨。① 吉林省的畜牧业主要生产牛、羊、猪、马、驴、骡、鹿等，家禽包括鸡、鸭、鹅等。相应的产出还包括猪肉、牛肉、羊肉、牛奶、禽蛋、羊奶、绵羊毛、鹿茸、蜂蜜及蚕茧等。各种肉类中，猪肉、禽肉的产量最多，分别为108.28万吨和86.94万吨（2018年），其次是牛肉41.86万吨（2018年）。此外，吉林省的梅花鹿养殖及作为东北特产之一的鹿茸也广为人知。吉林省地处我国温带最北部，年平均气温较低，林业资源以针叶林、阔叶林和针阔混交林为主，林业包括经济林、防护林及零星植树等。此外，还有人参、甘草、枸杞、黑木耳、香菇及蘑菇等特种农作物。以黑木耳、榛蘑为代表的各种农作物作为吉林特产受到消费者欢迎。表4-2所示的2019年吉林省主要农副产品中，禽肉和玉米产

---

① 依据《2018吉林统计年鉴》计算得出。

量比上年增速排在前两位，分别为 9.5% 和 8.8%。吉林省长达半年的冬季，冰川沃野，孕育了独具东北特色的农产品，其中人参、貂皮、鹿茸角被称为"东北三宝"，成为东北特产的代表。

表 4-2　　　　　　　　2019 年吉林省主要农副产品产量

指标	产量 （万吨）	较上年增速 （%）	指标	产量 （万吨）	较上年增速 （%）
粮食总产量	3878.00	+6.7	羊肉	4.73	+2.5
玉米	3045.30	+8.8	禽肉	86.94	+9.5
水稻	657.17	+1.7	禽蛋	121.53	+3.8
猪肉	108.28	-14.7	生牛奶	39.90	+2.8
牛肉	41.86	+3.0			

资料来源：依据《2019 吉林省国民发展统计公报》整理得出。

四　农产品进出口贸易不断拓展

多年来，吉林省与亚洲、非洲、欧洲、拉丁美洲、北美洲和大洋洲的 55 个国家和地区有进出口贸易往来。吉林省与亚洲的 22 个国家和地区有进出口往来，日本、韩国、泰国、印度、印度尼西亚与吉林省的进出口总值排在前五位。吉林省与欧洲的 19 个国家和地区进行进出口贸易，排在前五位的分别是德国、俄罗斯、匈牙利、捷克和比利时；此外，吉林省还与拉丁美洲的阿根廷、巴西、墨西哥和委内瑞拉，与北美洲的美国和加拿大以及大洋洲的澳大利亚，以及东盟组织和欧盟组织都有贸易往来。进出口领域的不断拓展，进一步为吉林省农产品的进出口打开国门。

如表 4-3 所示，2018 年吉林省农产品的出口种类多为肉、蔬菜、粮食等 9 大类；进口种类较少，主要为水海产品、水果、坚果、粮食和酒类。但进口金额较大，其中的水海产品和粮食进口金额最多。整体来看，吉林省农产品的进口大于出口。

表 4 - 3　　　　　　2018 年吉林省主要农产品进出口总值

出口		进口	
品名	金额（万元）	品名	金额（万元）
肉及杂碎	4746		
水海产品	83415	水海产品	201167
天然蜂蜜	911	冻鱼、冻鱼片	39383
填充用羽毛、羽绒	4744		
中药材及中式成药	17200		
蔬菜	21384		
鲜、干水果及坚果	106490	鲜、干水果及坚果	39866
粮食	66398	粮食	244387
食用油籽	23239	酒类	3227

资料来源：依据《吉林省统计年鉴》整理得出。

五　农业生产条件逐步改善，农业现代化步伐加快推进

2015 年 3 月 9 日，习近平总书记参加第十二届全国人民代表大会第三次会议吉林代表团审议，对吉林现代农业建设提出明确要求，指出加快推进现代农业产业体系、生产体系和经营体系建设，争做现代农业建设排头兵，率先实现农业现代化。同年 7 月 18 日，习近平总书记在吉林调研，指出吉林省着力建设规模效益型现代化大农业，加快建设现代农业，加快推进农民增收，加快建设新农村，加快推进农村改革，走出一条集约、高效、安全、可持续的现代农业发展道路。2016 年 6 月，吉林省出台《吉林省率先实现农业现代化总体规划（2016—2025 年）》。依据该规划，吉林省将在 2025 年实现农业现代化，按照国家和我省农业现代化水平监测方案和指标体系，农业现代化水平评价指标包括产业体系、生产体系、经营体系、质量效益、绿色发展、支持保护六个方面 24 项指标，评价总分 100 分，基本实现农业现代化（2020 年）得分应为 75 分以上。因此，按照分项指标得分率超过 60% 为完成中期目标，得分超过 75% 为完成规划目标进行评估。至 2019 年年末，10 项指标完成规划目标，10 项指标完成中期

目标，4 项指标未完成中期目标。具体见表 4 - 4。

表 4 - 4　　　　　　吉林省农业现代化水平评价指标完成情况

完成规划目标	完成中期目标	未完成中期目标
粮食生产稳定度	养殖业产值占农业总产值比重	水产养殖规模化率
农作物耕种收综合机械化率	园艺特产业产值占种植业比重	农业土地产出率
农业科技进步贡献率	农产品加工业与农业总产值比重	万元农业 GDP 耗水
农业信息化率 万元农业 GDP 耗能	土地适度规模经营比重 农民人均可支配收入	初中及以上农业劳动力比率
畜禽养殖规模化水平	农业劳动生产率	—
农业保险深度 农产品质量安全例行监测合格率 农林水事务支出占农林牧渔业增加值的比重	农药减量化 化肥减量化 农林牧渔业增加值占农林牧渔业增加值的比重	—
单位农林牧渔业增加值的农业贷款投入	农业废弃物利用率	—

由表 4 - 4 可见，农作物耕种收综合机械化率为吉林省农业现代化指标体系中已经实现的目标。图 4 - 8 表明，2018 年的吉林省农业机械总动力是 1978 年的 12.19 倍，总量明显增加，其增速虽总体呈现增长态势，但日趋平缓。如表 4 - 5 所示，近年来，吉林省农业机械拥有量、农业机械作业面积、农村用电量等不断增加，农田水利状况得到改善，氮、磷、钾等化肥使用量不断下降，每公顷化肥使用量不断减少，尤其是 2016 年以来，化肥的使用量由 444.60 万吨降至 2019 年的 414.99 万吨。这充分证明了吉林省农业生产条件的好转，并与绿色发展要求相契合。农业机械总动力、小型拖拉机、机引农具、联合收割机、机动水稻插秧机、粮食加工机械和油料加工机械的使用数量近三年都明显增加，这意味着吉林省农业机械化水平在不断提高，有利于推动吉林省农业现代化的实现。

表 4 - 5　　　　　　　　吉林省农业生产条件

年份	农业机械总动力（万千瓦）	灌溉面积（千公顷）	化肥施用量（万吨）	农村用电量（亿千瓦时）	农作物总播种面积（千公顷）	粮食面积（千公顷）
1978	284.11	598.6	66.69	8.1	4053.1	3603.1
1983	417.72	716.1	152.24	12.4	4069.6	3586.5
1988	552.6	774.5	190.67	15.8	4035.2	3422.5
1993	607.06	908.9	236.94	19.8	4050.7	3526.7
1998	827.52	1250.9	289.31	22.5	4061.6	3567.2
2003	1230.6	1546.0	287.3	23.1	4717.1	4013.8
2008	1800.0	1678.9	343.84	34.7	4998.2	4391.2
2013	2726.6	1853.7	426.0	48.21	5413.1	4789.9
2018	3462.4	1922.2	423.96	54.85	6080.9	5599.7
2019	3656.1	1938.2	414.99	54.88	6117.0	5644.9

资料来源：依据《吉林省统计年鉴》整理得出。

2020 年 8 月，吉林省公布了 2019 年省内各市（州）、各县（市）农业化发展水平考核评价结果，如表 4 - 6 及图 4 - 7 所示。依据农业现代化水平评价指标体系打分，获 75 分为基本实现农业现代化。2019 年，吉林省平均得分 72.86 分，在 8 市 1 州中，长春市得分 74.98 分，最接近 75 分；延边州得分 71.67 分，是 8 市 1 州中得分最低的区域。高于省平均得分的有长春市、吉林市、辽源市和松原市。具体各市、县中九个得分最高 75.93 分，农业现代化推进明显；龙井市得分最低，为 68.78 分。从评价结果可知吉林省农业现代化推进较快，但各地之间仍存在一定差异和差距。

表 4 - 6　　　　　2019 年吉林省农业现代化发展水平评价

吉林省72.86								
长春市74.98	长春市区74.68	九台75.93	农安县74.75	榆树市74.55	德惠市74.56	公主岭市75.39		

续表

吉林市 73.63	吉林市区 74.65	永吉县 74.5	蛟河市 73.19	桦甸市 71.73	舒兰市 74.12	磐石市 73.57		
四平市 72.76	四平市区 73.17	梨树县 74.33	伊通县 73.72	双辽市 69.81				
辽源市 72.91	辽源市区 70.68	东丰县 73.26	东辽县 74.8					
通化市 72.74	通化市区 72.08	通化县 74.43	辉南县 72.52	柳河县 72.95	梅河口市 75.46	集安市 69.02		
白山市 71.90	白山市区 73.02	江源区 70.29	抚松县 74.62	靖宇县 70.03	长白县 69.81	临江市 73.6		
松原市 73.01	松原市区 72.24	前郭县 74.22	长岭县 72.62	乾安县 72.89	扶余市 73.09			
白城市 72.04	白城市区 71.95	镇赉县 71.11	通榆县 70.36	洮南市 73.57	大安市 73.22			
延边州 71.67	延吉市 73.91	图们市 70.22	敦化市 75.92	珲春市 69.8	龙井市 68.78	和龙市 71.66	汪清县 71.16	安图县 71.88

资料来源：依据吉林省农业农村厅官网数据得出。

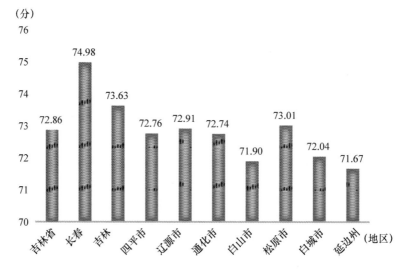

图4-7　2019年吉林省及各市（州）农业现代化发展水平评价情况

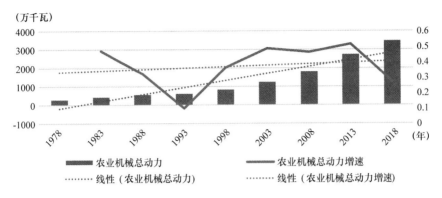

图 4 – 8　1978—2018 年农业机械总动力及增速变化情况

六　设施农业稳步推进

我国人均耕地面积仅有世界人均耕地面积的 40%，发展设施农业是解决我国人多地少，制约可持续发展问题的最有效技术工程。2008年，《农业部关于促进设施农业发展的意见》中指出："设施农业是综合应用工程装备技术、生物技术和环境技术，按照动植物生长发育所要求的最佳环境，进行动植物生产的现代农业生产方式，主要包括设施种植、设施养殖和设施食用菌。发展设施农业是转变农业发展方式、建设现代农业的重要内容，是调整农业结构、实现农民持续增收的有效途径，是建设资源节约型、环境友好型农业的重要手段，也是增加农产品有效供一、保障食物安全的有力措施。"① 自该意见实施以来，2012 年我国设施农业面积已占世界总面积的 85% 以上，成为世界上最大面积利用太阳能的工程，我国设施农业的技术水平越来越接近世界先进水平。

2018 年，吉林省设施农业在蔬菜、瓜果、花卉苗木、食用菌及其他作物的种植面积和产量都较 2017 年有明显增长。全省 8 市 1 州设施农业的种植面积及排名如表 4 – 7 所示，其中蔬菜设施农业排名前

---

① 王波：《设施农业成为农村经济发展的方向标》，《农业技术与装备》2009 年第16 期。

两位的是长春市和四平市,其种植面积远高于省内其他地区。瓜果类设施农业中白城市和长春市位列前两名,其中白城市的种植面积在全省的比重超过50%。花卉苗木设施农业种植面积排名前两位的是长春市和白山市,但总体而言,吉林省花卉苗木设施农业种植面积较少。食用菌设施农业的种植面积排名前两位的是延边市和吉林市,延边州食用菌设施农业占全省的近50%。其他作物设施农业种植面积中,白城市和四平市分列第一位和第二位。白城市占全省的82.95%。综合来看,在设施农业的发展中,各地区都有侧重发展的领域,总体来看,长春市、白城市、延边州三个地区设施农业种植面积大、产量多。省内其他地区各类设施农业在种植面积和产量方面因自然条件等因素而有所逊色。

表4-7   2018年吉林省各地区设施农业种植面积及排名   (单位:公顷)

地区	蔬菜	排名	瓜果类	排名	花卉苗木	排名	食用菌	排名	其他作物	排名
长春	6253	1	980	2	22	1	33	7	46	5
吉林	1902	4	182	5	13	4	149	2	94	3
四平	4004	2	194	4	1	6	56	6	112	2
辽源	231	9	18	9			68	5	89	4
通化	848	7	91	7	15	3	72	4	2	
白山	600	8	125	6	17	2	83	3	17	6
松原	2339	3	643	3			1	8		
白城	1548	5	2441	1					1751	1
延边	1086	6	75	8	3	5	412	1		

七　农业全产业链建设不断加强

农业是国民经济体系中的基础性产业,其产品主要源自于自然,产品附加值较低。通过向上、下两端不断开发、延伸农产品产业链,加强农产品全产业链的建设,才能从根本上增加农业产值,增加农民收入,促进农业的发展。在农、林、牧、渔各细分产业中,全产业链建设成效最为明显的就是畜牧业。近年来,吉林省坚持以打造畜牧业生产、加工、品牌、市场全产业链经营为突破口,集聚政策、资金、市场等要素资源，改革创新畜禽养殖、屠宰加工、市场营销等环节经营模式，全力构建现代畜牧业转型升级版，推动全省畜牧业经济实现持续健康发展。全省肉、蛋、奶总产量突破 400 万吨，畜禽养殖业产值和畜产品加工业销售收入双双突破 1000 亿元。全产业链的构建，不仅能够降低生产成本，提升赢利能力，增强企业的抗风险能力，而且可以控制产品质量，杜绝安全隐患，增强消费者购买信心。全产业链的构建需要大型农业龙头企业的带动和示范作用。吉林省的皓月清真肉业股份有限公司和华正牧业开发股份有限公司最具有代表性。以皓月、华正等龙头企业在全产业链建设上的成功为示范，吉林省鼓励支持企业围绕延边黄牛、草原红牛、长白山黑牛、吉林山黑猪、吉林梅花鹿等，打造有吉林特色的知名品牌。坚持全链条、全利用的产品开发战略，大力发展精细加工、精深加工，淘汰落后产能，实现技术改进、产品换代、产业升级。据统计，全省畜产品精深加工产品涵盖熟食、蛋制品、乳制品、蜂产品、鹿产品、生物制药、美容保健等 11 大类 500 多个品种，其中皓月、金锣、华正、众品等企业年销售收入都突破 10 亿元。①

八 农业财政支出总量增加，但增速下降

农业是国民经济的基础产业，农业技术开发创新、农业基础设施建设等需要财政的投入。如图 4-9、图 4-10、图 4-11 所示，1998—2018 年吉林省一般预算支出主要用于农业支出、文教科卫事业费、行政管理费及社会保障补助支出。这四个主要的财政支出项目中，文教科卫事业费支出最大，且自 2011 年起呈现明显上升趋势。行政管理费在四大主要支出项目中额度最小，且 2011 年以后虽然也略有增加，但总体增幅不大，处于波动状态。农业支出和社会保障支出数量相当，但变化趋势略有不同，社会保障支出呈现持续增加态势，但农业支出在 2016 年达到最高点后，缓慢回落。农业的财政支出随着农业基础设施建设等的相对完善而有所放缓。

从图 4-10 可见，从农业支出和一般预算支出的趋势线可知，农

---

① 陈沫：《转型升级提质增效》，《吉林日报》，2014 年 9 月 25 日。

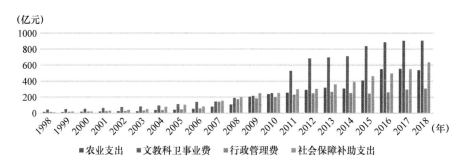

图 4-9　1998—2018 年吉林省财政一般预算支出

业支出增加趋势远弱于一般预算支出。农业支出占一般预算支出的比重缓慢增加：2009 年占比达到最大，随后占比趋于下降；到 2014 年达到最低后又有上升；2016 年后又下降。起伏波动较为明显，但总体仍呈上升趋势。

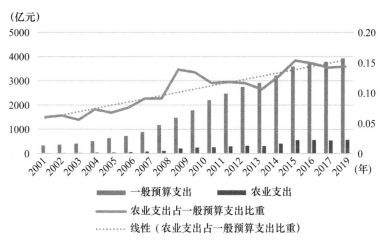

图 4-10　2001—2019 年吉林省农业支出、一般预算支出及农业支出
**　　　　占一般预算支出比重变化曲线**

资料来源：依据《吉林省统计年鉴》整理计算得出。

图 4-11 表明，农业支出虽总量呈增长趋势，但数量在 2016 年后有所下降，在农业支出增速波动巨大，2014 年和 2018 年出现负增

长，且总体呈现缓慢下降的趋势。

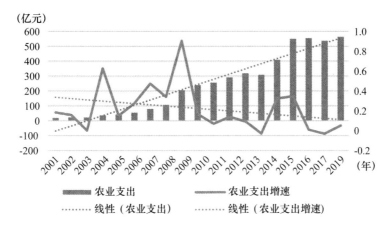

图 4-11　2001—2019 年吉林省农业支出及增速变化曲线

资料来源：依据《吉林省统计年鉴》整理计算得出。

第五章

吉林省农业内部细分产业
及其结构分析

农业内部的农、林、牧、渔各细分产业因其依赖的自然条件和自然资源的差异，在产出及发展前景方面表现出不同的趋势。

第一节　农业内部各细分产业结构分析

一　吉林省农业内部产业结构分析

农林牧渔业在吉林省经济中的地位极其重要。根据《吉林省统计年鉴》，吉林省农林牧渔业增加值占全省生产总值增加值的 11.4%；在制造业、批发和零售业、建筑业、采矿业等 19 个行业中，农林牧渔业对吉林省经济发展的贡献仅次于制造业，排名第二；排名第三的批发和零售业对吉林省生产总值增加值的贡献率是 7.7%，与农林牧渔业对吉林省经济增长的贡献差距明显。

农业在吉林省地区生产总值中比重较高，在一定程度上反映了吉林省产业结构本身不够发达。在农业内部，种植业、林业、牧业和渔业以及农林牧渔服务业各细分产业，其比重又有较大差异。表 5-1 显示了 2010—2019 年吉林省农业内部各细分产业产值总量。图 5-1 表明各细分产业产值的变化情况及在农业内部的比重。

由图 5-1 可见，农林牧渔及农林牧渔服务业各细分产业中，按产值总量排序，种植业排在第一位，其次是牧业、林业和渔业。如

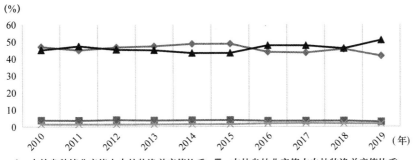

图 5 - 1　2010—2019 年吉林省农业各细分产业在农业总产值中的比重变化情况

资料来源：依据《吉林省统计年鉴》整理计算得出。

图 5 - 1 所示，各细分产业中 2015 年以前种植业占比均高于其他产业，种植业在农业中的主导性地位是吉林省成为农业大省和产粮基地的直接表现和主要原因，2016 年以后种植业比重下降，位于牧业之后。2015 年之前，牧业在农业产值中占比排名第二；2016 年以后，牧业超过种植业，在各细分产业占比中排名第一，且保持上升趋势。相比较种植业和牧业，林业和渔业的产值比重很低，两者总和一直没超过 5.5%。从农林牧渔在吉林省各地的分布及发展条件可见，长期内，种植业和牧业仍然是吉林省农业发展的重中之重，也是吉林省农业产业结构优化需要加大力度进行之处。

表 5 - 1　　　　2010—2019 年吉林省农业内部农林牧渔业产值　　　（单位：亿元）

年份	农林牧渔总产值	农业产值	林业产值	牧业产值	渔业产值
2010	1688.90	791.33	62.38	758.93	23.14
2011	2029.86	910.43	73.03	958.64	27.76
2012	2181.92	1017.33	85.55	985.75	29.78
2013	2276.40	1075.44	83.63	1021.62	31.32
2014	2302.04	1118.55	87.01	995.65	33.43
2015	2292.97	1114.7	87.42	990.92	31.77

续表

年份	农林牧渔总产值	农业产值	林业产值	牧业产值	渔业产值
2016	2167.89	948.98	72.64	1033.4	40.25
2017	2064.29	895.83	69.38	982.37	41.72
2018	2184.34	992.96	73.28	1001.64	39.02
2019	2442.73	1014.12	68.09	1239.58	40.12

资料来源：依据《吉林省统计年鉴》整理计算得出。

吉林省农业内部各细分产业的比重反映了农业内部产业结构状况，其原因与吉林省省内的自然资源条件密切相关，同时也与吉林省历史发展传统有关，也受到政府政策推动等各种因素的影响。

二　吉林省农业各细分产业在全国的地位

表5－2是吉林省农业各细分产业产值和全国农业各细分产业产值。图5－2表明吉林省农业各细分产业在全国农业各细分产业中的占比情况。

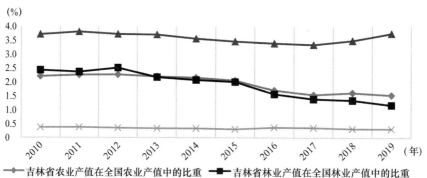

图5－2　2010—2019年吉林省农业各细分产业在全国农业各细分产值中的比重变化情况

资料来源：依据《吉林省统计年鉴》和《中国统计年鉴》整理计算得出。

由图5－2可见，各细分产业中，牧业在全国牧业中的比重一直高于农业（种植业）、林业和渔业在全国的比重。2012年之前，林业比重高于种植业；2013—2019年，种植业在全国比重超过林业在各细分产业中排名第二。多年来吉林省渔业在全国的比重一直较低，在各细分产业中排在最后，但占比变化较为平稳，波幅较小。而林业和种植业占比趋于下降，牧业占比则在2019年表现为上升。

表5-2 2010—2019年吉林省与全国农业各细分产业产值　　　　（单位：亿元）

年份	吉林省农业产值	全国农业产值	吉林省林业产值	全国林业产值	吉林省牧业产值	全国牧业产值	吉林省渔业产值	全国渔业产值
2010	791.33	35909.07	62.38	2575.03	758.93	20461.08	23.14	6263.37
2011	910.43	40339.62	73.03	3092.44	958.64	25194.16	27.76	7337.37
2012	1017.33	44845.72	85.55	3406.97	985.75	26491.21	29.78	8403.91
2013	1075.44	48943.94	83.63	3847.44	1021.62	27572.37	31.32	9254.48
2014	1118.55	51851.12	87.01	4189.98	995.65	27963.39	33.43	9877.54
2015	1114.7	54205.34	87.42	4358.45	990.92	28649.32	31.77	10339.09
2016	948.98	55659.89	72.64	4635.9	1033.4	30461.17	40.25	10892.92
2017	895.83	58059.76	69.38	4980.55	982.37	29361.19	41.72	11577.09
2018	992.96	61452.60	73.28	5432.61	1001.64	28697.4	39.02	12131.51
2019	1014.12	66066.5	68.09	5775.7	1239.58	33064.3	40.12	12572.40

资料来源：依据《吉林省统计年鉴》和《中国统计年鉴》整理计算得出。

三 吉林省农业各细分产业增速变化情况

由图5-3可见，吉林省农业各细分产业产值总体增速均呈现下降趋势。各细分产业的下降直接表现为农业产值在吉林省地区生产总值中的比重不断下降。在各细分产业中产值增速下降最为明显的是林业。其次是种植业。这与城市化进程中农用土地转化为城市用地密切相关。而渔业和牧业与水资源和草场关联度较大，城市化对其影响相对较小。尤其是牧业下降趋势在四个细分产业中最为平缓。此种变化趋势符合产业结构发展过程的一般规律，即第一产业（农业）比重不断下降。造成这种现象发生的原因：一方面与产业结构合理化发展的规律有关；另一方面也与吉林省人口流动现状有关。近年来，吉林省人口表现出明显的净流出,尤其是在广大农村地区,随着教育水平的提高和教学条件的改善,大批年轻人通过升学离开农村,毕业后直接留在城市,还有部分年轻人和其他年龄段农村人口到浙江、广东等南方省市打工。大量的人口,尤其是青壮年人口的外流,导致吉林省农村壮年劳动力减少,在一定程度上降低了农地及其他农业资源的使用效率,造成各细分产业产值的下降。依据此发展趋势,吉林省各细分产业产值将进一步下降。当然此种变化也为吉林省农村加快土地流转增加了紧迫感。通过土地流转,借助农家院等多元化经营等提高农村劳动生产率,增加农民收入,这对于从根本上提高农民生活水平,推动农村发展是有好处的。

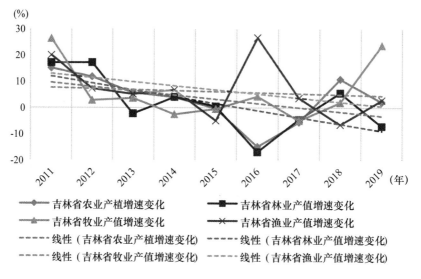

图 5 - 3 2011—2019 年吉林省农业各细分产业增速变化情况

资料来源:依据《吉林省统计年鉴》整理计算得出。

第二节 种植业及其结构分析

吉林省肩负着保障国家粮食安全的政治使命,要争当现代农业建设排头兵,率先实现农业现代化,要发挥好吉林省资源优势、科技优势和人才优势，高度重视粮食生产。近年来吉林省粮食产量连年超过350亿千克，粮食调出量连年排在全国前列，农民收入持续增长。保障粮食安全，优化种植结构，发展绿色农业，提高农民收入，成为吉林省种植业发展的根本遵循。[①]

一　种植业产值总量增加，增速下降，在全国居后位

（一）种植业总量与增速的纵向显现

如前所述，2015年之前，种植业比重在全省农业中占据半壁江山，2015年达到最高48.61%。由图5-4所示，1978—2018年，吉林省种植业总量呈现上升趋势，至2014年达到峰值1118.55亿元，随后下降，2018年又回升至992.96亿元。种植业产值增速波动巨大，40年中，9年（1985年、1989年、1991年、1997年、1999年、2000年、2015年、2016年、2017年）为负增长，2016年增速下降至近5年最低点后回升。至2019年，种植业产值较2018年增长2.13%。虽2018年、2019年连续两年总量回升，但从长期看，增长速度呈现日趋下降态势。

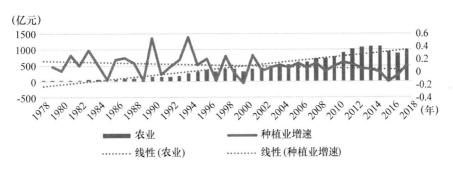

图5-4　1978—2018年吉林省农业（种植业）产值与增速

2018年，与国内其他省份相比吉林省种植业播种面积（千公顷）

---

① 胡博：《浅谈吉林省新时代促进种植业发展主要措施》，《中国农技推广》2020年第1期。

为 5600 千公顷，居全国第七位，只占全国排名第一的黑龙江省的
39.40%，接近全国第二的河南省的 50%。相应地，吉林省粮食产量
也位于全国第七，其产量相当于全国产量第一的黑龙江省的 48.39%，
相当于河南省的 54.64%，由此可见，虽然在播种面积和产量上都排
名第七位，但吉林省的粮食生产比率较高。这既可以说明吉林省的土
质有利于粮食的高产，粮食生产的先天条件比较优渥，同时也说明吉
林省为确保产量，对农业在资金和技术等方面给予了相当的投入。数
据正好印证了吉林省粮食单产全国第一的结论。

（二）种植业产值的横向比较

如图 5-5 所示，2018 年，吉林省农业（种植业）总产值为 993
亿元，在全国农业（种植业）总产值中占比仅为 1.62%，全国 31 个
地区中排名第 23 位。与排名第一位的河南省（农业产值为 4973.7 亿
元）相比，相差近 4000 亿元。黑龙江省农业（种植业）全国排名第
五，其产值为 3635 亿元，占全国农业总产值的 5.92%。东北三省的
另一个省份辽宁省，其全国排名第 16 位，也远处在吉林省之前。可
见，吉林省虽是产粮大省，但种植业产值在全国处于中下游，与其他
农业大省的距离相距甚远。从图 5-5 中也可以看出，位于吉林省后
面的 8 个地区除了北京、上海、天津三个直辖市外，山西、海南、宁
夏、青海和西藏等地大多位于我国的西部地区，海南省主要依赖于旅

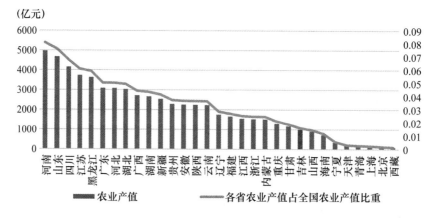

图 5-5　2018 年全国各省份农业产值及其在全国农业总产值中的比重

游资源，其农业不发达也属正常现象。而位于松辽平原的吉林省要发展农业，还需要投入很多。

由图5-6所示，吉林省种植业占全国种植业比重日趋下降，2010—2015年占比相对平稳，2015年以后逐年下降，至2019年降至1.53%。与之相比，2010—2019年吉林省农业占全国农业比重同样呈现下降态势，自2016—2019年，两者的差距略有增大趋势。

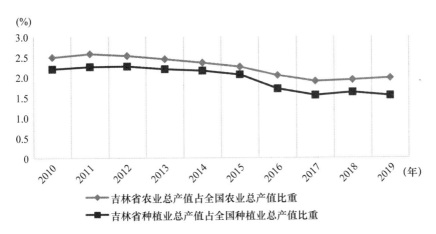

图5-6 2010—2019年吉林省农业各细分产业增速变化情况

资料来源：依据《吉林省统计年鉴》和《中国统计年鉴》整理计算得出。

二 种植面积稳步提升

播种面积是种植业生产的重要基础和物质保证。由图5-7可见，1978—2001年，吉林省农作物总的播种面积基本维持在4020—4070千公顷，2002年以后，总播种面积稳步增加，至2019年，总播种面积达到6117千公顷。由于粮食作物在吉林省种植业中占有绝对比重，1978—2019年粮食播种面积占农作物总面积平均占比87.84%，2013年以来占比连年超过90%，2019年达到92.28%。因此粮食播种面积基本与吉林省农作物总播种面积变化趋势基本保持一致，农作物总播种面积的趋势线与粮食播种面积趋势线几乎平行。尤其是2005年以来，粮食播种面积一直保持增加。2020年虽出现了新冠肺炎疫情，但粮食播种面积仍比2019年增加36.9千公顷，增长了0.65%。

（千公顷）

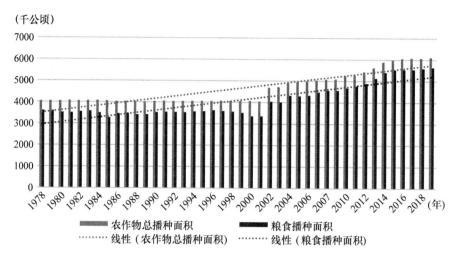

图 5 - 7　1978—2019 年吉林省农作物总播种面积及粮食播种面积

资料来源：依据《吉林省统计年鉴》整理计算得出。

三　玉米、水稻为主要品种，种植结构相对单一

吉林省种植业产出包括谷物（稻谷、小麦、玉米）、豆类及薯类的粮食作物、油料、麻类、甜菜、烟叶、人参、蔬菜和园林水果。其中玉米、稻谷和蔬菜的产量在历年占比始终位列前三名，如图 5 - 8 所示，以 2019 年为例，其他小麦、豆类、薯类、油料、人参、烟叶、甜菜、麻类也有种植，但占比很小。

（一）玉米、水稻方面

如图 5 - 9 所示，2019 年，玉米种植面积达 421.96 万公顷，达到 74%。其次为稻谷 84.04 万公顷，占比 15%；豆类种植面积为 40.38 万公顷，占比 7%；油料作物占比仅为 4%，种植面积 25.74 万公顷。油料作物的种植面积近三年持续减少。由此可见，我省粮食大省地位主要依赖的是玉米和水稻两大农作物。2019 年两大作物播种面积占全部粮食作物播种面积 89%（较 2018 年的 91% 有所下降），其中玉米高达 74%，种植面积始终维持在 6000 万亩以上，占全省耕地面积 70% 以上；水稻面积也维持在 1200 万亩以上。这就决定了玉米和水稻在吉林省粮食产量中占有绝对比重。

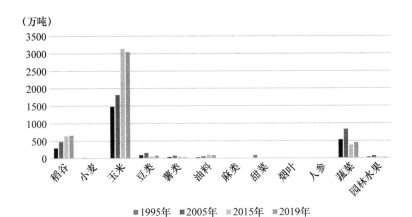

图 5 - 8 1995 年、2005 年、2015 年及 2019 年吉林省主要农作物产量

资料来源：依据《吉林省统计年鉴》整理计算得出。

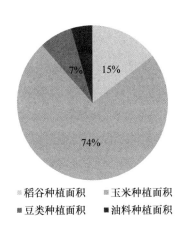

图 5 - 9 2019 年各类粮食作物种植面积占比

图 5 - 10 显示，2007—2019 年，玉米产量占吉林省的粮食总产量的 73%—78%。即使在受灾严重的 2007 年，玉米产量占比仍达到 73.35%；2019 年占比达到最高值 78.53%。水稻产量占比在 2010 年出现分界点，2010 年之前的水稻产量占比在 20% 以上，而 2010 年以后，其产量占比逐年下降，近五年来始终在 17.5% 上下徘徊，2019 年下降至 16.95%。即便如此，2019 年玉米和水稻两者产量占全省粮

食总产量仍然在95%以上，其中玉米达到78.53%。玉米产量仍保持长期增长的趋势，但水稻的产量增长则相对平稳，长期趋势线比较平稳。吉林省未来种植业产量的提高，其潜力仍然表现在玉米方面。

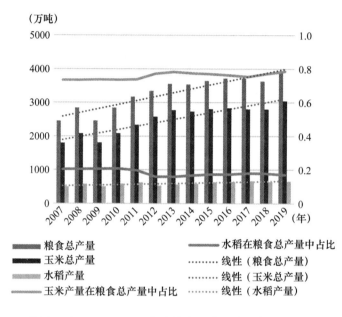

**图5-10　2007—2019年吉林省玉米、水稻产量及其在
粮食总产量中比重变化情况**

作为吉林省产量位居第一位、第二位的两大农作物，玉米和水稻的单产如图5-11所示，其中水稻单产基本维持在8000公斤/公顷，甚至略有下降。玉米单产虽然在2007年、2009年和2018年因自然灾害所致有所下降，但总体仍保持增加趋势。

基于上述分析可见，吉林省的种植业主要依赖于玉米和水稻，相较于这两大农作物，豆类及油料作物的产量则很低，种植业结构相对单一。从种植业内部结构来看，虽然玉米种植借着黄金玉米带的天然优势，但过度依赖这一单一作物不利于种植业的长远发展，尤其是发生洪涝、干旱、台风等恶劣的自然天气，玉米产量将会受到直接影响。基于此，吉林省应该探索新的适宜种植且附加价值相对较高的农

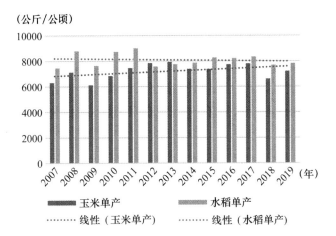

图 5 - 11　2007—2019 年吉林省玉米、水稻单产变化情况

作物,才能更加有利于提高农民收入,促进农业发展。

(二) 油料作物方面

本书的油料作物主要包括花生、油菜籽、芝麻、胡麻籽 (亚麻籽) 和其他。如图 5 - 12、图 5 - 13、图 5 - 14 所示,1995—2019 年吉林省油料作物播种面积从 151 千万顷增加至 297.4 千公顷。其中 2017 年达到历年来最大播种面积 408.7 千公顷;油料作物产量从 25.55 万吨增加至 81.78 万吨,其中 2017 年达到历年来最高,产量 128.48 万吨;油料作物单产逐年提高,由 1692.05 公斤/公顷增加至

图 5 - 12　1995—2019 年吉林省油料作物播种面积

资料来源:依据《吉林省统计年鉴》整理计算得出。

3177.16 公斤/公顷。

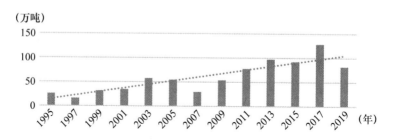

图 5 - 13 1995—2019 年吉林省油料作物产量

资料来源：依据《吉林省统计年鉴》整理计算得出。

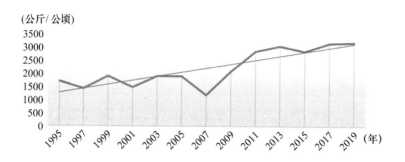

图 5 - 14 1995—2019 年吉林省油料作物单产

资料来源：依据《吉林省统计年鉴》整理计算得出。

油料作物产量与播种面积呈正相关，自然条件、气候、灾害等因素也对油料作用的生产有显著影响。2015 年播种面积较上年增加 4.6 千万顷，但产量却下降 5.04 万吨就是有力证明。种植技术、农药、化肥的使用在油料作物单产的提高中发挥了重要作用，2019—1995 年的单产增加 87.77%。

（三）薯类作物方面

由图 5 - 15、图 5 - 16 及图 5 - 17 可见，吉林省薯类种植面积 2007—2019 年呈现逐年下降趋势，由 2007 年的 98.9 千公顷降至 2019 年的 47 千公顷，种植面积减少 52.48%。马铃薯作为其中最主要品种与薯类呈现相同变化趋势,且至 2019 年马铃薯与薯类的种植面积日趋接近,薯类种类减少。虽播种面积减少一半,但薯类产量率化相对平稳,由 2007 年的 24.37 万吨至 2019 年的 31.44 万吨,其原因为薯类单产的不断提高,由 2007 年的每公顷 2464.11 公斤增加至2019 年的每公顷 6689.36 公斤,增长了 171.47%。

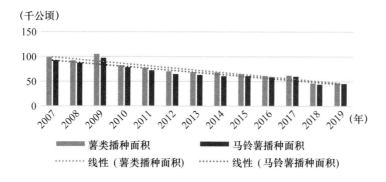

图 5 - 15　2007—2019 年薯类及马铃薯种植面积及其趋势

资料来源:依据《吉林省统计年鉴》整理计算得出。

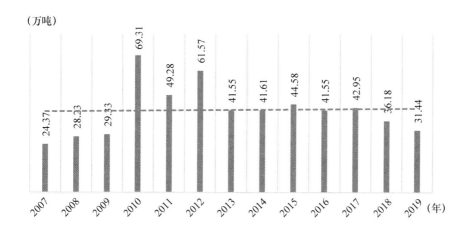

图 5 - 16　2007—2019 年薯类产量及其变化趋势

资料来源:依据《吉林省统计年鉴》整理计算得出。

（公斤/公顷）

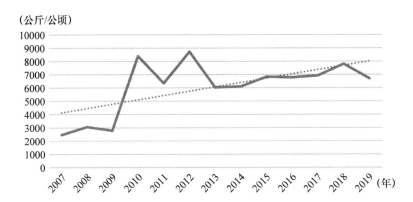

图 5 – 17　2007—2019 年薯类单产及其变化趋势

资料来源：依据《吉林省统计年鉴》整理计算得出。

（四）烟叶生产方面

如图 5 – 18 所示，1995—2019 年吉林省烟叶产量波动起伏较为明显，但总体仍呈现出下降趋势，从 1995 年的 3.07 万吨降至 2019 年的 2.44 万吨。烟叶单产相对平稳，2017—2019 年始终保持在每公顷 2860 公斤左右。其中烤烟在烟叶类中播种面积和产量都占 50% 左右，2019 年单产达每公顷 2545.51 公斤，低于烟叶类单产。

（万吨）

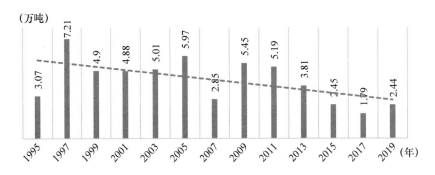

图 5 – 18　1995—2019 年吉林省烟叶产量及其变化趋势

（五）豆类种植方面

如图 5 – 19 所示，1995—2019 年吉林省豆类产量整体呈现减少趋势，这与豆类的种植面积减少密切相关。图 5 - 20 为吉林省大豆种植面积变化情况。大豆是吉林省豆类的重要品种，以 2019 年为例，大豆占吉林省豆类种植面积的 85.43%，产量占豆类产量的 91.02%。大豆的种植面积变化与豆类的产量变化表现出几乎相同的趋势和变化曲线。大豆单产较高，据《吉林省统计年鉴》数据显示，2017—2019年，大豆单产均高于豆类单产。仍以 2019 年为例，豆类单产为每公顷 1907.78 公斤，大豆单产则为每公顷 2032.46 公斤。在豆类产量不断减少的趋势中，大豆的高产量在一定程度上起到了缓冲作用。

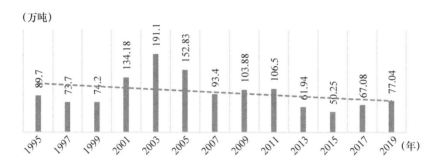

图 5 - 19　1995—2019 年吉林省豆类产量及其变化趋势

资料来源：依据《吉林省统计年鉴》整理计算得出。

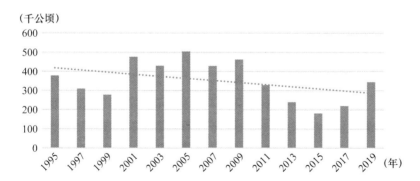

图 5 - 20　1995—2019 年吉林省大豆种植面积及其变化趋势

资料来源：依据《吉林省统计年鉴》整理计算得出。

（六）人参生产方面

人参是吉林省重要的经济作物之一。吉林省尤其是长白山区的温度、水分、植被、坡度、土壤等自然条件非常适合人参的生长。作为人参的故乡，吉林省在人参生产方面历史悠久，除野生人参（野山参）外，吉林省家种人参（人工栽培人参）的种植面和产量均为全国的85%以上、全世界70%以上。如图5-21所示，1995—2019年吉林省人参产量由1.35万吨增长至2019年的3.08万吨，增长128.15%。其中2011年达到1978年以来的最高产量3.69万吨，其后虽有下降，但仍保持增长趋势。自20世纪50年代以来，吉林省就在人参的育种、栽培、老参地再利用等方面取得突破性进展，并获得多项全国及国际发明金奖、科技进步奖等奖项。2020年7月，长白山人参入选中欧地理标志第二批保护名单，抚松县、靖宇县、长白朝鲜族自治县等14个县（市）现辖行政区域被列入地理标志地域保护范围。

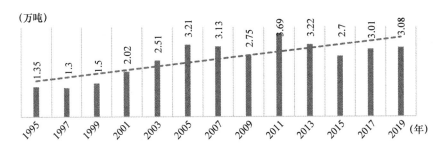

图5-21 1995—2019年吉林省人参产量及其变化趋势

资料来源：依据《吉林省统计年鉴》整理计算得出。

（七）甜菜生产方面

甜菜是我国重要的糖料作物之一，甜菜产业在我国北方农业与制糖业生产发展和农民增收等方面具有不可替代的作用。甜菜产量占我国糖料产量比重呈稳步增长态势，东北、华北和西北是我国甜菜的三个主要产区，但吉林省的甜菜生产如图5-22所示，由1995年的83.64万吨下降至2019年的2.92万吨，产量直线下降。

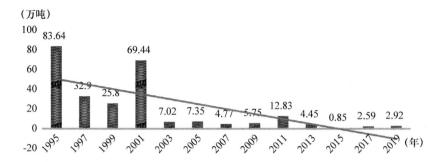

图 5 – 22　1995—2019 年吉林省甜菜产量及其变化趋势

资料来源：依据《吉林省统计年鉴》整理计算得出。

（八）麻类生产方面

如图 5 – 23 所示，麻类生产在吉林省各类农作物中占比最小，自 1995 年以来，其产量仍呈现下降趋势，由 1995 年的 0.25 万吨，下降到 2019 年 0.02 万吨。

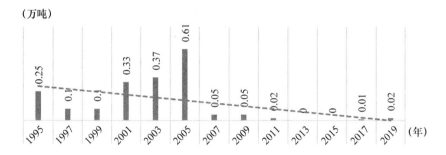

图 5 – 23　1995—2019 年吉林省麻类产量及其变化趋势

资料来源：依据《吉林省统计年鉴》整理计算得出。

（九）蔬菜生产方面

如图 5 – 24 所示，吉林省蔬菜产量在全部农作物生产中排名第三位，但也表现出下降的趋势。图 5 – 24 表明，蔬菜产量由 1995 年的 530.55 万吨下降至 2019 年的 445.39 万吨。2017 年其播种面积由 82.84 千公顷增加到 121.45 千公顷，相应地，产量也有所回升，但单产却连续三年下降，由 2017 年的每公顷 42433.30 公斤下降至每公顷 36672.15 公斤。

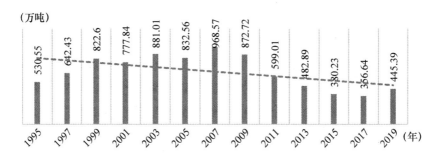

图 5 - 24　1995—2019 年吉林省蔬菜产量及其变化趋势

综合以上分析，图 5 - 12 至图 5 - 24 表明，吉林省除玉米、水稻以外，各类农作物历年产量只有油料作物和人参表现为逐年增加的趋势，其余大豆、甜菜、麻类、蔬菜等农作物的产量都在不断减少。1995 年以来，在绿色发展的大背景下，吉林省种植业内部的产业结构也在悄然变化，一方面，加大了玉米、水稻的投入力度，借助黄金玉米带和黑土地等优势，巩固吉林省玉米和大米的优势地位；另一方面，利用有利的自然条件，生产附加值高的人参、油料等农作物。种植业内部产业结构的变化，迎合了市场需求，满足了消费者收入水平提高情况下对生活品质的需求。

四　粮食种植面积及总产量平稳增加，但增速波动较大

（一）粮食种植面积方面

耕地是粮食生产的基本保障，吉林省耕地总面积 8400 万亩，占全省总面积的 30%，占全国总耕地面积 4.78%，人均耕地 3.15 亩，是全国平均值的 2.18 倍。自 2006 年以来，吉林省粮食种植面积如图 5 - 25 所示。

2006—2019 年，吉林省的粮食种植面积总量呈现增长趋势，由 2006 年的 432.55 万公顷增加到 2019 年的 564.50 万公顷，增加 30.51%。只有在 2012 年种植面积明显减少。这为粮食产量提供了有

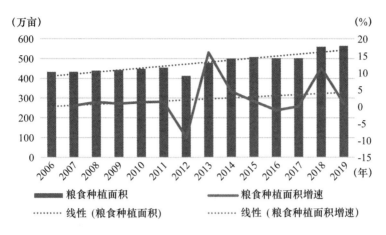

图 5-25 2006—2019 年吉林省粮种植面积及其趋势变化情况

效保障。粮食种植面积的增速出现较大波动，2012 年，粮食种植面积增速为 -9.12%；2016 年，增速为 -1.11%。随后的 2013 年和 2018 年出现非常明显的增加，但其增速从长期来看仍表现出增加的趋势。

（二）粮食总产量方面

近年来，吉林省粮食总产稳定在 350 亿公斤的水平上，粮食单产、粮食人均占有率、商品量、商品率连续位居全国前列。[1] 2018 年全省粮食产量 363.3 亿公斤（全国第 7 位），占全国总产量 5.52%；单产 432.5 公斤/亩（全国第 4 位）高于全国平均水平 421.5 公斤/亩，对全国粮食安全保障作用明显。

由图 5-26 可见，2006—2019 年，吉林省的粮食总产量由 2006 年的 2720 万吨增加至 2019 年的 3878 万吨，增加了 42.57%，在种植面积增加 30.51% 的同时，粮食产量增加 42.57%，粮食种植面积弹性为 1.4，说明粮食单产有较大幅度的提高。粮食总产量表现出长期增长的趋势，其出现的短期波动主要是水旱灾害所致，例如，2007 年和 2009 年两年就是由于天气变化造成的粮食产量的减少。虽然有长

---

① 胡博：《浅谈吉林省新时代促进种植业发展主要措施》，《中国农技推广》2020 年第 1 期。

期总量增长的趋势，但其增速长期却表现为下降的趋势，2008 年和 2010 年在前一年天灾的影响致使粮食产量急剧下降的情况下，表现出粮食产量增速的明显增加。2006—2019 年，出现四次负增长，分别是 2007 年、2009 年、2014 年和 2018 年。其他年份，特别是 2010 年之后，其增速大多数年份表现出缓慢下降的态势，只有在 2019 年出现明显反弹。

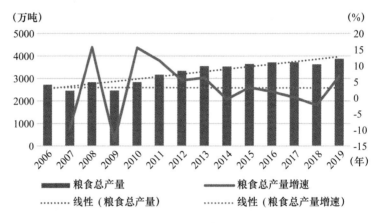

图 5 - 26   2006—2019 年吉林省粮食总产量及其增速变化情况

特别需要指出的是 2018 年，虽然较 2017 年的种植面积有明显增加，增加了 57.67 万公顷，但粮食产量却下降了 87 万吨。此种情况在 2007 年和 2009 年也有较为类似的表现。由此可见，土地虽然是粮食产量的重要决定因素，但同时还会受到自然灾害的影响。随着气候变暖等全球极端天气的出现，洪涝、干旱、冰雹等自然灾害发生的可能性将更加不确定，这将成为影响农业发展非常重要的不确定因素。人类之所以追求绿色发展，就是要尽量减少这种极端天气给人类自身带来的恶果。从而才能实现未来子孙后代的可持续发展。

（三）吉林省粮食种植及产量的横向比较

黑龙江有着东北地区特有的肥沃土地，全年粮食播种面积为 14215 千公顷，良种覆盖率达到 98% 以上，是我国当之无愧的国产粮第一大省，总产量占据全国十分之一。一直以来，黑龙江省都有着

"中华大粮仓"的美誉，是我国粮食安全的"压舱石"，已经连续十几年成为我国粮食种植面积和产量的第一大省，黑龙江农业综合生产能力和农业耕种收综合机械化水平也都是位居全国首位。河南省2018年的粮食播种面积为10906千公顷，河南省的粮食产量位居我国第二，一直是我国农业大省，这两个省份生产的粮食养活了大半部分的中国人。这两个省也是我国两个种植面积超过万千公顷的省份，其次分别是山东、安徽和内蒙古（见表5-3）。

表5-3　　　　　　　　2018年全国各省份播种面积及排名

排名（位）	地区	播种面积（千公顷）	排名（位）	地区	播种面积（千公顷）	排名（位）	地区	播种面积（千公顷）
1	黑龙江	14215	12	云南	4175	23	浙江	976
2	河南	10906	13	江西	3721	24	福建	834
3	山东	8405	14	辽宁	3484	25	宁夏	736
4	安徽	7316	15	山西	3137	26	天津	350
5	内蒙古	6790	16	陕西	3006	27	海南	286
6	河北	6539	17	广西	2802	28	青海	281
7	四川	6266	18	贵州	2740	29	西藏	183
8	吉林	5600	19	甘肃	2645	30	上海	130
9	江苏	5476	20	新疆	2220	31	北京	56
10	湖北	4847	21	广东	2151			
11	湖南	4748	22	重庆	2018			

资料来源：依据《中国统计年鉴》整理得出。

如表5-4所示，在粮食总产量方面，黑龙江省依然高居榜首，河南、山东、安徽、河北等省份依次跟随，充裕的种植面积保证了其高额的产量。但是因为各省份之间种植作物的不同、地理位置的差异，以及农作物年产次数由于气候条件有一季、二季之分，部分省份和城市种植面积的排名和粮食总产量的排名不成正比。

表 5 - 4　　　　　　　　　　2018 年全国各省份粮食产量及排名

排名（位）	地区	总产量（万吨）	排名（位）	地区	总产量（万吨）	排名（位）	地区	总产量（万吨）
1	黑龙江	7507	12	辽宁	2192	23	浙江	599
2	河南	6649	13	江西	2191	24	福建	499
3	山东	5320	14	云南	1861	25	宁夏	393
4	安徽	4007	15	新疆	1504	26	天津	210
5	河北	3701	16	山西	1380	27	海南	147
6	江苏	3660	17	广西	1373	28	上海	104
7	吉林	3633	18	陕西	1226	29	西藏	104
8	内蒙古	3553	19	广东	1193	30	青海	103
9	四川	3494	20	甘肃	1151	31	北京	34
10	湖南	3023	21	重庆	1079			
11	湖北	2839	22	贵州	1060			

资料来源：依据《中国统计年鉴》整理得出。

由表 5 - 3、表 5 - 4 可见，吉林省粮食播种面积排名全国第 8 位，粮食产量位列全国第 7 位，与黑龙江、河南、山东等农业大省相比在绝对数上不具有优势，但凭借土壤等自然条件，粮食单产名列前茅获得了发展农业的比较优势。

五　通过加大投入和技术创新提高种植业供给能力和综合效益

土地，尤其是耕地，是发展种植业的物质基础，而肥沃的黑土地更是吉林省发展种植业的比较优势。但多年来，由于自然的、人为的等各种因素，黑土地面积减少、土壤质量下降、土壤层厚度变薄，目前平均厚度为 20—30 厘米，只相当于 20 世纪 50 年代的三分之一。只有对其充分利用和保护，才能实现"藏粮于地"。2018 年 7 月 1 日，《吉林省黑土地保护条例》正式实施，在财政预算中专门列出黑土地保护经费。引导各类社会资本和金融资本参与，按照生态友好等要求，实施田间工程、土地整治、中低产田改造等工程建设高标准农田；聚焦水稻、玉米和大豆三大作物和优势产区，以永久基本农田为基础，选择资源条件较好、相对集中连片、生态环境良好、基础设施比较完备的区域，加快推进粮食生产功能区和重要农产品保护区划定建设，确保将优质耕地稳定用于粮食等重要农产品生产①。

技术创新是发展现代农业，实现农业向高级化发展的必要保证。近年来，吉林省在农业发展过程中在耕作、病虫害防治等方面不断加大技术创新力度，探索适合吉林省的种植模式。

一是耕作技术方面，以绿色发展理念为指导，从 2015 年开始，省级财政每年安排 6000 万元资金，每亩 25 元作业补贴，着力推广秸秆覆盖还田免耕播种保护性耕作技术，着眼绿色生态效益型农业发展。该技术可增加土壤蓄水量，能在一定程度上解决或缓解春旱，增加土壤有机质含量，节约生产成本，增加农产品产量。同时，实施保护性耕作，避免秸秆焚烧，可以保护环境，节省秸秆运出费用和劳动，为农民处理秸秆找到了出路，符合绿色发展理念的产业生态化要求。2015—2018 年，全省累计补贴作业 633 万亩，覆盖全省 8 个市（州）32 个县（市、区），并显示出良好综合效益②。

二是病虫害防治等方面，大力推广农作物病虫害统防统治航化作业技术。农作物病虫害一直是影响粮食产量及质量的重要障碍因素。从 2014 年开始，吉林省连续开展农作物病虫害统防统治航化作业。利用直升机和植保无人机进行农药和叶面肥料喷洒，开展社会化、规模化、集约化农作物病虫害防治服务。直升机作业效率较地面植保机械作业高 10 倍以上，是人工的 4000 倍，防治效果较常规防治提高了 8%，水稻平均亩增产 7%。该技术使病虫害防治成本降低，作业效率提高，防治效果提升。

三是开创适合本省的种植模式。一方面，不断探索适合本省种养模式，优化综合种养技术。目前，吉林省已经探索出稻田养鸭、稻田

---

① 2018 年吉林省率先实现农业现代化工作要点，吉林省人民政府网站。
② 吉林省农业农村厅对省政协十二届一次会议第 274 号委员提案的答复，吉农议字〔2018〕59 号，吉林省农业委员会，2018 年 12 月 17 日。

养蟹、稻田养鱼等多种技术模式，年平均推广 70 万亩。采用这项技术后，稻谷品质有所提升，增产增收效果好，生态效益好。以稻田养鸭为例，每亩最多可增收超过 1000 元。另一方面，开创性地提出了"一主多辅"的种植模式，"一主"即以玉米大豆轮作为主，"多辅"就是玉米与马铃薯、饲草、杂粮杂豆、油料等作物轮作。以吉林市、白山市和延边州为重点区域，年平均落实米豆轮作面积 200 万亩。

第三节　林业产业结构分析

林业是利用林木的自然特性，通过培育和保护森林，取得木材和其他林产品，保护生态环境、维持生态平衡的生产部门，是一国国民经济体系的重要组成部分之一。吉林省东部素有"长白林海"之称的长白山区，是全国重要的木材生产基地。吉林省是全国重点林业省份之一。

一　森林资源相对丰富，在全国处于中等水平

我国林业用地面积 32591.12 万公顷，全国各地区林业用地面积排名前五的分别是内蒙古（4499.17 万公顷）、云南（2599.44 万公顷）、黑龙江（2453.77 万公顷）、西藏（1798.19 万公顷）以及广西（1629.50 万公顷）。吉林省林业用地面积 904.79 万公顷，占全国林业用地面积的 2.78%，如表 5 - 5 所示，按林业用地面积的分层次划分，吉林省林业用地面积排在第三个层次，在全国排名第 15 位。东北三省中黑龙江林业用地面积全国排名第 3 位，远超吉林省；辽宁省林业用地面积 735.92 万公顷，不及吉林省。

表 5 - 5　　　　　　　我国各地区林业用地面积

林业用地面积（万公顷）	省份
2000—4500	内蒙古、黑龙江、四川、云南

林业用地面积 （万公顷）	省份
1000—2000	江西、湖南、广东、广西、西藏、陕西、甘肃、新疆
500—1000	贵州、福建、吉林、河北、山西、辽宁、浙江、河南、湖北、青海
100—500	北京、江苏、安徽、山东、海南、重庆、宁夏
0—100	天津、上海

资料来源：依据《中国统计年鉴》整理得出。

　　我国森林面积 22044.62 万公顷，吉林省森林面积 784.87 万公顷，占全国的 3.56%，全国排名第 13 位，如图 5–27 所示。

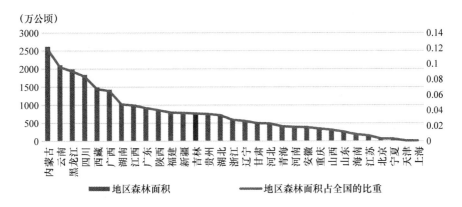

图 5–27　全国各地区森林面积及占全国的比重

资料来源：依据《中国统计年鉴》整理计算得出。

　　由图 5–28 可见，虽然吉林省森林面积在全国排名居中等以上水平，但人工林面积排名则明显下降至第 19 位。可见，吉林省森林资源更多地是以天然林为主。

　　图 5–29 表明全国各地区森林覆盖率，吉林省为 41.49%，排名居中，第 14 位，明显高于全国平均水平的 22.96%。

　　由图 5–30、图 5–31 可见，吉林省活立木总蓄积量和森林蓄积量丰富，均在全国排名第 6 位。分别为 105368.5 万立方米和

（万公顷）

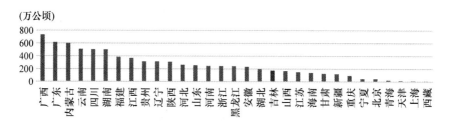

图 5 - 28　全国各地区人工林面积

资料来源：依据《中国统计年鉴》整理计算得出。

（%）

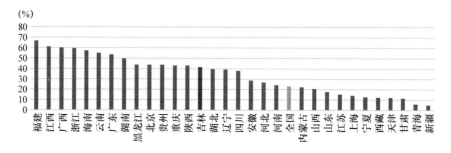

图 5 - 29　全国各地区森林覆盖率

资料来源：依据《中国统计年鉴》整理计算得出。

（万立方米）

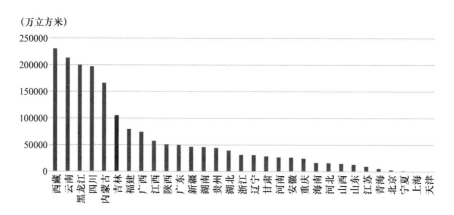

图 5 - 30　全国各地区活立木总蓄积量

资料来源：依据《中国统计年鉴》整理计算得出。

101295.8 万立方米，占全国的 5.54% 和 5.77%。

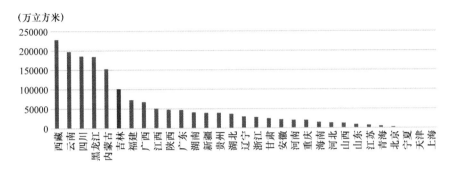

（万立方米）

图 5 - 31　全国各地区森林蓄积量

资料来源：依据《中国统计年鉴》整理计算得出。

综合以上各项指标，可见，吉林省林业资源与全国 31 个省、自治区和直辖市相比，基本属于中上等，尤其是森林蓄积量和活立木资源方面。在东北三省中，吉林省的各项指标虽位列黑龙江之后，但在辽宁省之前，黑龙江在林业资源方面有大小兴安岭等天然的优势条件，是吉林省无法比拟的，但比辽宁省的林业资源丰富许多。这意味着较为丰富的林业资源和蓄积量可以为吉林省林业后续发展提供基础，也保障了吉林省的生态系统，为吉林省环境保护提供了有利的支撑。

二　林业产值先增后降，增速下降明显，在全国居后位

吉林省地处温带季风气候，纬度较高，相对寒冷，树种主要集中为针叶林等，所以林业产值相对较低。如图 5 - 32 可见，1978—2001 年，吉林省林业产值保持增长，但总量增长相对缓慢。2002 年产值明显增加，并在其后各年整体保持上升趋势，至 2015 年达到最大值 87.42 亿元，随后下降，至 2018 年又略有回升至 73.28 亿元。2019 年，林业产值又下降至 68.09 亿元。2002—2019 年，吉林省林业呈现出先升后降的基本趋势，呈现较平缓的倒"U"形。林业产值增速仅在 1982 年和 2002 年呈现明显增加，其他年份增速变化缓慢，并且在

一些年份出现负增长。

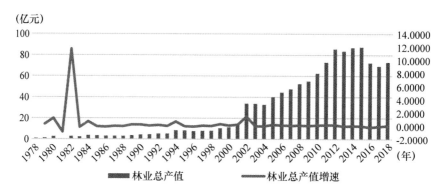

图 5 – 32　1978—2018 年吉林省林业总产值及其增速

资料来源：依据《中国统计年鉴》整理计算得出。

由图 5 – 33 所示，吉林省林业占全国林业比重总体呈现日趋下降，只在 2012 年林业总产值在全国林业总值中占比提高至 2.51%，随后逐年下降，至 2019 年林业在全国林业产值占比为 1.18%。2010—2012 年，吉林省林业占全国林业产值比重高于吉林省农业产值占全国农业产值比重；2013 年到 2019 年，吉林省林业占全国林业产值比重低于吉林省农业产值占全国农业产值比重，且两者的差距日趋拉大，说明 2013 年之后，林业产值明显下降，这种下降可能影响林

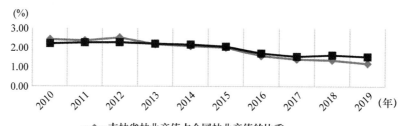

图 5 – 33　2010—2019 年吉林省林业产值和农业总产值

在全国的比重变化情况

资料来源：依据《吉林省统计年鉴》和《中国统计年鉴》整理计算得出。

业产品的产出。

如图 5 - 34 所示，2020 年吉林省林业产值 71.90 亿元，在全国占比仅为 1.21%，全国排名第 24 位。排在吉林省后面的分别是新疆、甘肃、天津、上海、青海、宁夏和西藏。与全国排名第 1 位的广西相比，广西的产值为 437.4 亿元，占全国的 7.34%，差距较大。而同处东北的黑龙江省和辽宁省，其林业产值在全国排名则分别为第 13 位和第 20 位。吉林省仍然排在最后。吉林省拥有长白山广袤的森林资源，其产值在全国仍然处于下游，这对于吉林省的林业发展而言还需要更多需要开发和努力之处。

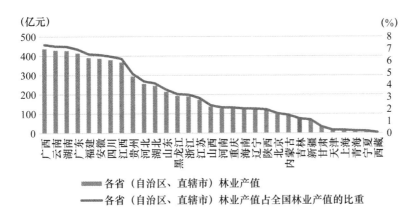

图 5 - 34　2020 年各省（自治区、直辖市）林业产值及其在全国的比重变化情况

资料来源：依据《中国统计年鉴》整理计算得出。

三　林业生产呈下降趋势

如图 5 - 35 所示，2008—2019 年吉林省造林面积整体呈现倒"U"形变化。2008 年始，造林面积持续上升至 2014 年达到最高值 153.31 千公顷，随后明显下降，至 2019 年降至 24.59 千公顷，较 2008 年低 54.68 千公顷。其中用材林在 2008—2013 年变化不大，2014 年突然大幅增加，随后不断下降，至 2019 年为 1.45 千公顷；经济林占比最小，但也表现出明显的起伏波动，2015 年达到最大值，9.88 千公顷，随后持续减少，2019 年减至 0.93 千公顷；防护林在造林中占比最高，但其波动也最为明显，2011 年和 2012 年明显减少，2013 年达到最大值 112.08 千公顷，随后急速减少，虽偶有增加，但仍处于减少趋势，至 2019 年减少至 22.21 千公顷。从整体来看，12 年间，吉林省的林业生产表现出下降的趋势。

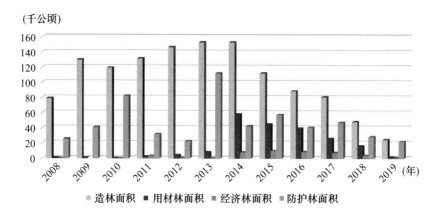

图 5-35　2008—2019 年吉林省造林面积及细分林造林面积变化情况
资料来源：依据《吉林省统计年鉴》整理计算得出。

四　林产品以木材为主，类型较少

据《2020 中国统计年鉴》，我国主要林产品有木材、橡胶、松脂、生漆、油桐籽和油茶籽。吉林省在主要林产品目录中仅显示了木材，为 205 万立方米，全国排名第 15 位。

五　延伸林业相关产业链，发展现代林业

在现代经济发展过程中，随着生态保护愈加必要，以及林业在国民经济体系中的重要地位，林业除了经济林、用材林和防护林等保护生态平衡、进行林产品生产的传统功能外，还可通过向上游、下游拓展延伸，与其他产业，如旅游业等有机融合，不断延伸产业链，开发其促进就业、增加国民收入的功能，这也是现代林业发展的必然要求与发展趋势。一方面，通过国土绿化，创建国家级和省级森林城市以及绿美村屯；另一方面，以林业资源为依托，延伸林业产业链，谋求

产业转型。发展加工、森林旅游、森林康养产业等现代生态类服务业，增加产值的同时，有效安置林场富余职工，助推林区改革升级。

第四节　牧业及其结构分析

畜牧业，是利用畜禽等已经被人类驯化的动物，或者鹿、麝、狐、貂、水獭、鹌鹑等野生动物的生理机能，通过人工饲养、繁殖，使其将牧草和饲料等植物能转变为动物能，以取得肉、蛋、奶、羊毛、山羊绒、皮张、蚕丝和药材等畜产品的生产部门。区别于自给自足家畜饲养，畜牧业的主要特点是集中化、规模化、并以营利为生产目的。畜牧业是人类与自然界进行物质交换的极重要环节。畜牧业是农业的重要组成部分，更是吉林省重要的产业组成部分。多年来，畜牧业产值在吉林省农业产值中由第2位升至第1位，其发展对农业的影响较大。

一　猪牛羊禽肉类总量缓慢下降，增速下降明显

如图5-36所示，2000—2019年吉林省猪牛羊禽肉类总量从2000年的163.9万吨增加到2019年的241.81万吨，增加了47.54%。其中2005—2008年增加明显，2005年为310万吨到2008年增加至384.48万吨，达到峰值。连续四年的明显增加主要源自2003年吉林省"粮变肉工程"。"粮变肉工程"的特点之一就是以扩大外销为目标，开拓国内外两个市场，其中国外以开拓日、韩市场为主，以其他国际市场为辅，组织肉、禽、蛋、奶和其他加工品出口。2009年，发端于美国的金融危机影响遍布全球，吉林省的畜牧业也受到影响，加之当年的自然灾害，使2009年的肉类产量出现明显下滑，出现了－41.61%的增长。随后，虽然总量上总体仍为增加态势，吉林省肉类总量虽有增加但2014年以后开始缓慢下降，2015—2019年连续四年负增长，2019年较2018年又有3.93%的下降。在肉类增速上长期表现为下降的趋势。

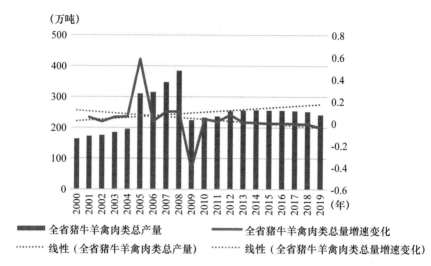

图 5 – 36　2000—2019 年吉林省猪牛羊禽肉类总量及增速变化情况

二　牧业产值与增速总体保持增长

如图 5 – 37 所示，2010 年之后，虽然肉类总量在 2014 年达到又一最高点，但牧业产值在 2017 年之后持续走高，从长期来看，牧业产值和增速表现为增长趋势。牧业增速先降后升，2017 年增速降至最低点 – 4.94%，平均增速 7.97%，高于种植业和林业。

吉林省牧业产值的升降起伏，与近年来我国肉类问题频发有关，受此影响，全国的牧业总产值在自改革开放以后的一直增长态势在 2017 年后出现下滑，相比 2016 年减少了 1100 亿元。2019 年、2020 年又连续增加，至 2020 年约为 40266.7 亿元。2020 年牧业总产值前十名的牧业大省分别是：四川、河南、湖南、山东、云南、河北、黑龙江、安徽、湖北、广东。吉林省位居全国中位，第 13 位（见图 5 – 38、图 5 – 40）。2018 年全国各省份在牧业同比增长变化情况中吉林省同比增长 1.96%（见图 5 – 39）。吉林省牧业在全国占比并不突出。较四川等牧业大省，吉林省牧业产值仅相当于四川省 2020年牧业产值的 42.82%。但 2019 年、2020 年两年，吉林省牧业产值持续增长。

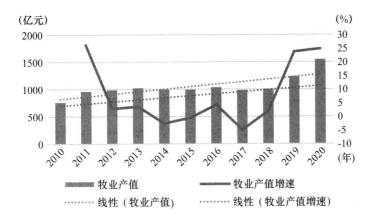

图 5 - 37 2010—2020 年吉林省牧业产值及增速变化情况

资料来源：依据《吉林省统计年鉴》整理计算得出。

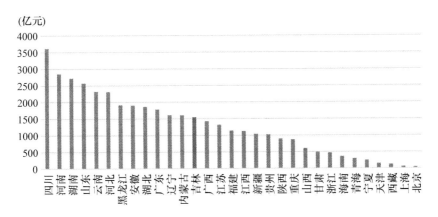

图 5 - 38 2020 年各省（自治区、直辖市）牧业产值分布情况

资料来源：依据《中国统计年鉴》整理计算得出。

三 牧业生产种类较为丰富，猪肉占主导地位

吉林省牧业中既有大牲畜，如牛（包括奶牛）、马、驴、骡，还有山羊、绵羊、鹿、鸡、鸭、鹅等家禽，以及相应的各种肉类：牛肉、羊肉、猪肉、牛奶、羊奶、禽蛋、绵羊毛，以及蚕茧、蜂蜜、鹿茸等。大牲畜中牛的年末头数最多，肉类中以猪肉的产量最多。2018年吉林省畜牧业产出如表 5 - 6 所示。2011—2019 年猪肉产量有增有

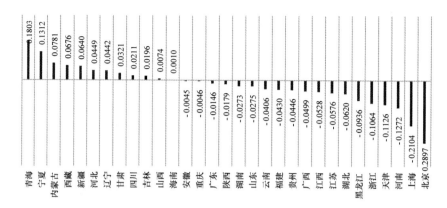

图 5 - 39　2018 年全国各省份牧业同比变化情况

减，出现波动，总体呈现下降趋势，在各类肉的占比中也不断减少，从 2014 年最高占比 54.69% 下降至 2019 年的最低值 44.78%。

表 5 - 6　　　　　　　　2018 年吉林省畜牧业生产情况

项目	出栏数	年末数量	项目	数量
牛（万头）	249.56	325.29	牛肉（万吨）	40.66
肉猪（万头）	1570.42	870.40	猪肉（万吨）	126.99
羊（万只）	383.02	396.59	羊奶（吨）	1845
家禽（万只）	45062.26	16233.38	绵羊毛（吨）	11430
鹿（万只）		45.41	鹿茸（公斤）	409219
驴（万头）		2.33	蜂蜜（吨）	11498
骡（万头）		0.27	蚕茧（吨）	3598
			奶类（万吨）	39.01
			牛奶（万吨）	38.38
			禽蛋（万吨）	117.11

　　与猪肉产量变化相对应，2011—2019 年吉林省生猪年末存栏也表现出整体下降的趋势，其存栏增速下降幅度更加明显，从 2012 年

1. 20%的正增长降至 8. 91%的负增长。2011—2019 年全年生猪出栏
与猪肉产量出现相同波动，其总体出栏也表现出下降的趋势（见
图 5 - 40）。出栏增速下降快于存栏增速，由 2011 年 9. 80%的正增长
降至 2019 年 13. 33%的负增长。年末生猪存栏和全年生猪出栏的下降
预示着未来吉林省猪肉产量将进一步下滑。

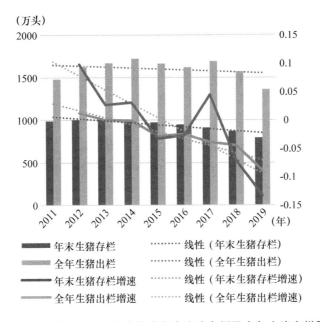

图 5 - 40　2011—2019 年吉林省年末生猪存栏及全年生猪出栏量

与猪肉形成鲜明对比的是禽肉的产量不断增加，由 2011 年的
66. 9 万吨增加至 2019 年的 86. 94 万吨，其占比由 2014 年的最低值
25. 67%增加至 2019 年的 35. 95%，增加了 10. 28 个百分点。牛肉产
量 2011—2016 年基本保持在较为平稳的状态，占比也相对平稳，但
2017 年出现明显减少，较 2016 年减少 8. 97 万吨，近三年虽又有所增
加，但仍不能达到 2016 年之前的水平。在占比方面至 2019 年，又回
升至 2012 年水平，但总体仍表现为缓慢下降。牛肉产量在各肉类中
的占比较低，基本保持在 17% 左右。在各类肉品中占比最小的是羊
肉。其占比始终低于 2%，变化平缓。

从图5-42，结合图5-41可见，在吉林省猪牛羊禽各类的总产量可见，猪肉占比最高，其次分别是禽肉、牛肉和羊肉。虽然受近两年非洲猪瘟的影响，猪肉产量有所下降，但其占比在2019年仍能达到52%，占吉林省猪牛羊禽肉产量的半壁江山。虽然吉林省有在亚洲规模居前的皓月牛肉有限公司，但是可见吉林省牛肉产量并不高。我国牛肉的主要产区在西部，如内蒙古等地，与内蒙古自治区相比，吉林省的草场相对较少，养殖牛羊不如青海、宁夏、内蒙古等地地域辽阔。同时上述地区气候相对干旱，耕地较少，适合养殖。而黑龙江虽然地广人稀，但其更适合开展种植业，相应地，挤占了畜牧业发展的空间。

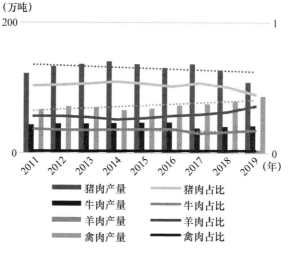

图5-41　2011—2019年吉林省猪牛羊禽不同肉类产量及增占比变化

近年来，吉林省牧业发展迅速，其产值比重在农业各细分产业中超过种植业位列第一。由图5-43中可见，吉林省牧业产值占吉林省农业总值比重始终高于吉林省农业产值占全国农业总产值比重，且变化较为平稳，只在2017年之后差距略有加大，说明牧业在吉林省占有比较优势。

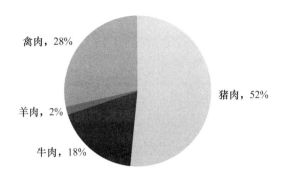

图 5 - 42　2019 年吉林省牧业各肉类占比

资料来源：依据《吉林省统计年鉴》整理计算得出。

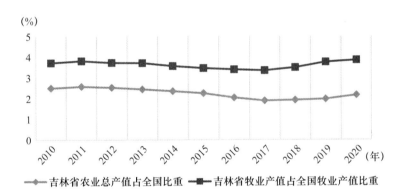

图 5 - 43　2010—2020 年吉林省农业总产值在全国农业总产值比重

和吉林省牧业产值占全国牧业产值比重变化情况

资料来源：依据《中国统计年鉴》整理计算得出。

四　吉林省畜牧业全产业链建设不断加强

全产业链的构建，不仅能够降低生产成本，提升赢利能力，增强企业的抗风险能力，而且可以控制产品质量，杜绝安全隐患，增强消费者购买信心。

近年来，吉林省坚持以打造畜牧业生产、加工、品牌、市场全产业链经营为突破口，集聚政策、资金、市场等要素资源，改革创新畜禽养殖、屠宰加工、市场营销等环节经营模式，全力构建现代畜牧业转型升级版，推动全省牧业经济实现持续健康发展。全省肉蛋奶总产量突破400万吨，畜禽养殖业产值和畜产品加工业销售收入双双突破1000亿元。

吉林省坚持全链条、全利用的产品开发战略，大力发展精细加工、精深加工，淘汰落后产能，实现技术改进、产品换代、产业升级。据统计，全省畜产品精深加工产品涵盖熟食、蛋制品、乳制品、蜂产品、鹿产品、生物制药、美容保健等11大类500多个品种，其中皓月、金锣、华正、众品等企业年销售收入都突破10亿元。[①]

第五节　渔业及其结构分析

吉林省虽然地处内陆，主要以淡水渔业和养殖业为主，但近年来，由于养殖方式的改进与养殖技术的提高，吉林省渔业获得了长足的发展。

一　鱼类种类较多，养殖品种多样化

吉林省地处亚热带地区，具备养殖温水性鱼类、亚冷水性鱼类，冷水性鱼类的养殖条件，因此鱼类区系组成种类较多。初步调查有100种（包括亚种），隶属19科，具体如表5－7所示，其中经济价值较高的约30种。除鱼以外，还有虾、贝类、甲鱼、林蛙以芦苇、菱角、芡实等水生动物、植物资源。养殖品种中既有广温性鱼类鲤鱼、草鱼、鲢鱼、鳙鱼、鲫鱼、团头鲂、鳊鱼、匙吻鲟；亚冷水性鱼类俄罗斯鲟；冷水性鱼类虹鳟、金鳟，名特优水产养殖匙吻鲟等。[②]

---

① 陈沫：《转型升级　提质增效　吉林省打造畜牧业全产业链》，《吉林日报》，2014年9月25日。

② 刘建君：《吉林省海渔业发展概况》，《吉林农业》2014年第8期。

表 5 - 7　　　　　　　　吉林省鱼类区系组成种类及占比

科　目	种　类	占比（％）
鲤	56	56
鲑	6	6
鳅	6	6
鮈	4	4
鰕虎	4	4
其他	24	24

资料来源：刘建君：《吉林省海渔业发展概况》，《吉林农业》2014 年第 8 期。

二　渔业产值总体呈现上升趋势，但全国排名居后

如图 5 - 44 所示，1978—2018 年吉林省渔业产值整体呈现上升趋势，由 1978 年的 0.8 亿元增至 2018 年的 41.4 亿元，40 年间渔业产值增加 517.5 倍。2017 年渔业产值达到 40 年来的最大值 41.72 亿元，2018 年有所下降，随后 2019 年又增加至 41.4 亿元。产值总量虽有波动，但总体的上升态势说明 40 年来吉林省渔业获得了长足的发展。

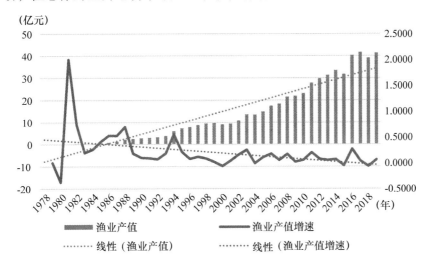

图 5 - 44　1978—2018 年吉林省渔业产值及增速变化情况

资料来源：依据《中国统计年鉴》整理计算得出。

吉林省渔业养殖品种多样化，养殖方式除传统的池塘、水库、湖泊养殖外，网箱养殖、稻田养殖、围栏养殖日渐兴起。尤其是池塘的养殖面积增加了近一倍。

从渔业产值的增速来看，则整体表现为下降趋势，如图5-44所示，尤其是1980年、2000年、2004年、2015年和2018年出现了负增长。2018年较2017年下降了6.47%。

吉林省渔业产值在农业各细分产业中占比最低，年平均占比1.61%。如图5-45所示，渔业产值在吉林省农业总产值比重低于吉林省农业总产值在全国农业总产值的比重，说明渔业在吉林省农业发展中与其他农业细分产业相比，并不具有比较优势，不能成为吉林省农业发展的主要力量。

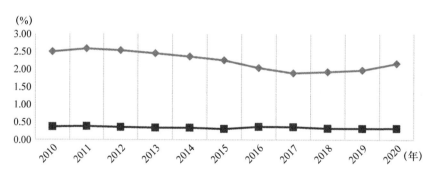

图5-45　2010—2020年吉林省农业总产值在全国农业总产值比重

和吉林省渔业产值占全国渔业产值比重变化情况

资料来源：依据《中国统计年鉴》整理计算得出。

如图5-46所示，2020年，我国渔业产值主要集中于排名前六位的江苏、山东、广东、福建、湖北和浙江，随后断崖式减少。从2020年全国各省渔业产值及其在全国渔业总产值的比重可见，吉林省渔业产值位于第22位，排名靠后，而位列其后的除了北京之外，其余的都是西部地区省份。足见吉林省渔业资源比较匮乏。

虽然渔业在吉林省自改革开放后获得了较快发展，但与全国相

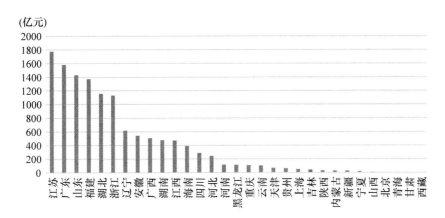

图 5 - 46　2020 年各省（自治区、直辖市）渔业产值分布情况

资料来源：依据《中国统计年鉴》整理计算得出。

比，因地处内陆，所以渔业发展并不具有优势，与渔业大省江苏省、山东省、广东省无法相比。吉林省渔业可以进一步挖掘养殖水体的利用空间，增加名特优品种的数量，以满足市场需求和出口创汇的需要。同时近年来，随着农村三大产业的融合推进，休闲渔业的发展前景也十分广阔。

特别需要注意的是，绿色发展要求产业发展的生态化，吉林省渔业发展过程中还存在养殖户技术水平不够，养殖用药不规范、不科学，从而造成水体污染、渔药机体残留、水产品质量安全意识有待提高等与绿色发展不符的情形，这都是吉林省渔业可持续发展亟须改进之处。

第六节　农林牧渔服务业分析

农林牧渔服务业是指为农业、林业、牧业、渔业服务的行业。大类就是经营农药、化肥、农机、饲料、种子以及技术支持等服务的。

在农业各细分产业发展过程中，农林牧渔服务业产值也构成了吉林省农产值的重要组成部分，如图 5 - 47 所示，2010—2017 年，农林牧渔服务业产值呈现不断增长趋势，2018 年有所下降，增加值为 44.09 亿元。

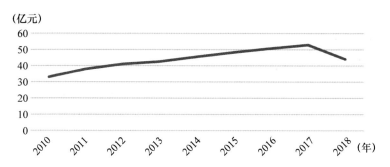

图 5 - 47　2010—2018 年吉林省农林牧渔服务业产值变化

资料来源：依据《吉林省统计年鉴》整理计算得出。

由图 5 - 48 可见，农林牧渔服务业产值增速呈现逐渐下降趋势，2018 年下降明显，较 2017 年增速为 - 16.67%。

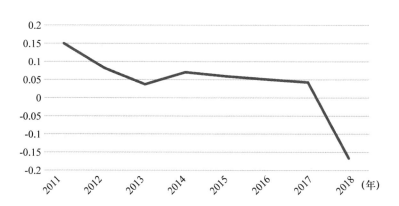

图 5 - 48　2011—2018 年吉林省农林牧渔服务业产值增速变化

资料来源：依据《吉林省统计年鉴》整理计算得出。

第七节　吉林省各细分产业的专业化水平分析

综合本章对吉林省农业内部各细分产业的分析可见，农、林、牧、渔业细分在全国排名均比较靠后，只有牧业排位稍显靠前，2020年为全国第 13 位，其他种植业、林业和渔业均在 20 名以后。吉林省只是在玉米、水稻等主要农作物方面与整体农业产值相比，排在全国第 7 位，稍显靠前。虽然从产值方面分析了吉林省各细分产业在全国的定位较落后，但是毕竟农业的发展受制因素，尤其是受自然条件的制约较多，进一步分析吉林省农业的专业化水平才能确定农业及其各细分产业的发展潜力。

分析某一产业的专业化水平，通常用到的指标是区位商。该指标是衡量某地区某一产业在整个区域的专业化程度以及比较优势的常用指标，可用此识别某一地区的优势产业。区位商表示某地区某一产业产值在该地区总产值比重与某区域这一产业产值在该区域总产值比重之比。用公式表示：

$$L_{ij} = \frac{Q_{ij} / \sum\limits_{i=1}^{m} Q_{ij}}{\sum\limits_{i=1}^{n} Q_{ij} / \sum\limits_{i=1}^{n} \sum\limits_{j=1}^{m} Q_{ij}}$$

其中 i、j 分别表示产业和地区，m、n 分别表示地区数和产业数，Q_{ij} 表示产量、产值、销量、从业人数等，L_{ij} 则表示为区位商。

表 5-8　吉林省农业（狭义）产值及其在东北三省及在全国的占比

	2014 年	2015 年	2016 年	2017 年	2018 年
种植业总产值（亿元）	1342.5	1400.4	1232.0	895.8	993.0
在东北地区比重（%）	22.04	21.95	20.65	14.96	15.57
在全国比重（%）	2.45	2.43	2.08	1.54	1.62

资料来源：依据《中国统计年鉴》。

一般地，若区位商大于1，表示某地区该产业在整个区域中具有比较优势，专业化程度较高；反之，该产业不具有比较优势，专业化程度低。

仍以前述研究中采用的数据，即农业产值及农业内部各细分产业产值作为区位商的选取数据。利用区位商公式计算，得出如下结果：

表5-9　　吉林省林业产值及其在东北三省及在全国的占比

	2014年	2015年	2016年	2017年	2018年
林业总产值（亿元）	104.4	109.8	107.2	64.4	73.3
在东北地区比重（%）	23.01	22.87	22.77	18.03	17.91
在全国比重（%）	2.45	2.48	2.31	0.19	1.35

资料来源：依据《中国统计年鉴》。

表5-10　　吉林省牧业产值及其在东北三省及在全国的占比

	2014年	2015年	2016年	2017年	2018年
牧业总产值（亿元）	1195.0	1244.9	1252.8	982.4	1001.6
在东北地区比重（%）	27.18	27.60	26.75	24.73	25.75
在全国比重（%）	4.13	4.18	3.95	3.35	3.49

资料来源：依据《中国统计年鉴》。

表5-11　　吉林省渔业产值及其在东北三省及在全国的占比

	2014年	2015年	2016年	2017年	2018年
渔业总产值（亿元）	40.1	39.9	43.0	41.7	39.0
在东北地区比重（%）	4.76	4.71	5.30	5.70	5.04
在全国比重（%）	0.39	0.37	0.37	0.36	0.32

资料来源：依据《中国统计年鉴》。

如表5-12所示，吉林省狭义农业的区位商自2014—2018年的5年中，无论是在全国还是在东北三省的专业化水平中都呈现出不断下降的趋势。林业与狭义农业表现出同样的态势，但吉林省林业在东北三省的区位商变化趋势中，到2017年之前都表现高于其他两省的水平。2014—2018 年这 5 年间，吉林省牧业的专业化水平只在 2018 年低于 1，专业化程度无论在东北三省还是在全国都低于平均水平，其他年份中，吉林省牧业的区位商在全国和东北三省都是明显大于 1 的，说明其专业化程度较高。渔业在吉林省的农业各细分产业中区位商远远小于 1，说明其专业化程度远低于全国和东北三省的平均水平，虽然在 2017 年区位商略有上升，但仍然小于 0.2，后在 2018 年有所回落，这可以看出吉林省的渔业资源相对缺乏。

表 5－12　　　　2013—2018 年吉林省农业各细分产业
在东北三省及全国的区位商

吉林省	LQ（区位高）	2014 年	2015 年	2016 年	2017 年	2018 年
农	东北	0.9695	0.9609	0.9356	0.8336	0.8462
	全国	0.9069	0.9030	0.8548	0.8172	0.8402
林	东北	1.0151	1.0013	1.0315	1.0047	0.9735
	全国	0.9076	0.9198	0.9521	0.7380	0.7016
牧	东北	1.1953	1.2083	1.2118	1.3777	0.8368
	全国	1.5269	1.5536	1.6255	1.7721	1.0854
渔	东北	0.2094	0.2062	0.2400	0.3175	0.2741
	全国	0.1436	0.1363	0.1525	0.1908	0.1672

资料来源：依据《中国统计年鉴》。

　　如表 5－13 所示，以 2018 年统计数据计得出，在东北地区的三省当中狭义农业中黑龙江的专业化水平无论在东北地区还是全国都高于全国平均水平，具有专业化水平，吉林省则在三省中居中；林业方面，辽宁省在东北三省中高于三省平均水平，达到一定的专业化程度，但从全国来看，三省都不具有专业化水平；牧业方面：从东北地区来看，吉林省和辽宁省都高于全地区平均水平，具有专业化水平，就全国而言，东北三省牧业的专业化水平均高于全国，尤其是吉林省的区位商大于 1，达到 1.8148，其专业化程度超过黑龙江省和辽宁省，高于全国。渔业方面：从东北地区来看，辽宁渔业专业化水平高于吉林省和黑龙江省，达到 2.3755；从全国来看，辽宁仍然在渔业方面表现出专业化水平，但黑龙江和吉林两省的区位商则远远小于 1，可见两省的专业化水平远低于全国平均水平。

表 5 - 13　　　东北三省农林牧渔在东北地区及全国的区位商

2018 年		吉林	黑龙江	辽宁
农业（狭义）	东北	0.8462	1.2030	0.8017
	全国	0.8402	1.1945	0.7960
林	东北	0.9735	0.9614	1.0677
	全国	0.7016	0.6929	0.7695
牧	东北	1.3992	0.8368	1.0113
	全国	1.8148	1.0854	1.3117
渔	东北	0.2741	0.4738	2.3755
	全国	0.1672	0.1760	1.4486

资料来源：依据《中国统计年鉴》。

　　虽然从全国的经济发展水平来看，吉林省相对落后。农业各产业发展虽具备一定的基础和前提，但总产值较低。通过区位商的分析可知，吉林省农业内部的牧业专业化水平较高，是可以通过专业化优势进一步提升和改造获得发展的。吉林省的种植业虽然区位商小于 1，但与林业和渔业相比，与全国平均水平相差较小，应当利用或借助自己比较优良的土壤条件，打造本省的独特品牌，除打造品牌外，提高粮食产量，增加由粮食带来的高附加值，才可能扩大农业的发展潜力与发展空间。

　　当然，在绿色发展背景下，吉林省的农业发展及产业结构还面临许多问题和挑战。

第六章

吉林省农业产业结构优化分析

以绿色发展为背景，分析吉林省农业产业优化，既要认清农业产业内部各细分产业的发展情况，同时也要把握农业与其他产业的关联关系和扩散效应，农业与国民经济的各组成部分以及农业内部的合理化状况，还要研究农业产业自身的技术创新等可以推动产业高级化的相关问题，以及农业与自然环境的和谐共处共生的生态化问题。只有这样，才能有利于实现吉林省农业的优化，促进农业根本性发展。

第一节　吉林省农业产业关联与扩散效应分析

在国民经济体系的所有产业中，农业之所以位置重要，很重要的原因就是农业的基础性地位，也就是说农业是其他各产业发展的基础。但同时，农业也受到其他产业的影响，也就是说其他产业的投入会影响农业的发展，这就涉及农业的产业关联与扩散分析。

一　农业产业关联分析

产业关联是指各产业在生产过程中存在的相互依存与相互作用的关系。现代农业的发展不能孤立于国民经济其他各产业而独自存在，在农业生产的产前、产中及产后的整个生产过程中，会与经济体系中的各行各业发生联系，从而与各产业建立了广泛的关联关系，其中最为主要的表现为后向关联关系和前向关联关系。

（一）农业的后向关联分析

产业间的后向关联关系主要是反映某产业部门对向其提供要素投入的产业部门的拉动作用。农业的后向关联主要是指向农业提供要素投入的产业部门，涉及农机制造、化肥、农药、种子、电力等行业。对农业的后向关联分析可以用直接消耗系数和间接消耗系数。直接消耗系数是表示某一产业部门单位总产出直接消耗的其他产业部门的产品或服务的数量。用公式表示：

$$a_{ij} = x_{ij}/X_j$$

其中，x_{ij} 表示生产 j 部门产品对 i 部门产品的消耗量，X_j 表示生产 j 部门产品的总投入。

完全消耗系数是表示某一产业部门单位总产出完全消耗的其他产业部门的产品或服务的数量。用公式表示：

$$B = (I - A)^{-1} - I$$

其中，A 为直接消耗系数矩阵，I 为单位矩阵，B 为完全消耗系数矩阵。

其中的直接消耗系数矩阵由直接消耗系数构成。鉴于数据的可得性，本部分以我国投入产出表的直接消耗系数和间接消耗系数进行分析农业的后向关联关系，并以此推及吉林省的情况。

《2019 中国统计年鉴》的投入产业系数表中列出 17 个行业，如表 6-1 所示。在这 17 个行业中，按直接消耗系数的大小排列，排在前五位的分别是农林牧渔产品（0.133339）、食品和烟草（0.086657）、炼油、炼焦和化学产品（0.086244）、批发零售、运输仓储邮政（0.044222）以及金融和房地产（0.013190）；排在后五位的分别是：建筑（0.000681）、采掘产品（0.000562）、非金属矿物制品（0.000429）、纺织、服装、鞋及皮革羽绒制品（0.000201）、其他各类制造产品（0.000148）。表示农业产出每增加 1 万元，直接消耗农业，食品和烟草；炼油、炼焦和化学产品，批发零售、运输仓储邮政，金融和房地产依次为 1333 元、867 元、862 元、442 元和 131 元，体现出农业与这五种产业的直接后向关联最为紧密。从总体上看，这些产业多数是制造业中的劳动密集型产业。而农业与建筑、采掘、非金属矿物制造、纺织、服装、鞋及皮革羽绒制造及其他各类制造业的直接后向关联度低。特别地，农业对其他各类制造产品的直接消耗系数最低，仅有0.000148。

表6-1　　农林牧渔产品与其他各产业后向关联直接消耗系数

农林牧渔产品	0.133339	批发零售、运输仓储邮政	0.044222
采掘产品	0.000562	其他各类制造产品	0.000148
食品和烟草	0.086657	电力、热力、燃气和水的生产和供应	0.009117
木材加工、家具、造纸印刷和文教工美用品	0.001116	机械设备、交通运输设备、电子电气及其他设备	0.012013
金融和房地产	0.013190	信息传输、软件和信息技术服务	0.001444
炼油、炼焦和化学产品	0.086244	科学研究和技术服务	0.007122
非金属矿物制品	0.000429	纺织、服装、鞋及皮革羽绒制品	0.000201
金属冶炼、加工及制品	0.000912	其他服务	0.008253
建筑	0.000681		

资料来源：依据《中国统计年鉴》整理得出。

在生产过程中，农业对其他产业不仅具有直接消耗，而且还会产生间接消耗，直接消耗与间接消耗的加总，即为农业对其他产业的完全消耗。

如表6-2所示，在国民经济的17个行业中，农业完全消耗较多的产业部门按完全消耗系数的大小排序，依次为农林牧渔产品（0.223952），炼油、炼焦和化学产品（0.206650），食品和烟草（0.145677），批发零售、运输仓储邮政（0.110471），机械设备、交通运输设备、电子电气及其他设备（0.062043）。这意味着农业发展每1万元产出需要农业、炼油、炼焦和化学工业、食品和烟草行业、批发零售、运输仓储邮政行业，以及机械设备、交通运输设备、电子电气及其他设备分别投入2240元、2067元、1457元、1105元和620

元，农业与这些产业具有紧密的完全后向关联。完全消耗系数排在后五位的分别是纺织、服装、鞋及皮革羽绒制品（0.007980），信息传输、软件和信息技术服务（0.007902），非金属矿物制品（0.005451），其他各类制造产品（0.002976），建筑（0.001784），这表明农业与这五个行业的关联度较低，其中与建筑行业的关联度最低，即每1万元农业产出中，需要上述五个行业分别投入80元、79元、55元、30元和17元，建筑行业投入最少，只有17元。

表6-2　　农林牧渔产品与其他各产业后向关联完全消耗系数

农林牧渔产品	0.223952	批发零售、运输仓储邮政	0.110471
采掘产品	0.046417	其他各类制造产品	0.002976
食品和烟草	0.145677	电力、热力、燃气和水的生产和供应	0.037391
木材加工、家具、造纸印刷和文教工美用品	0.013127	机械设备、交通运输设备、电子电气及其他设备	0.062043
金融和房地产	0.049115	信息传输、软件和信息技术服务	0.007902
炼油、炼焦和化学产品	0.206650	科学研究和技术服务	0.013500
非金属矿物制品	0.005451	纺织、服装、鞋及皮革羽绒制品	0.007980
金属冶炼、加工及制品	0.024295	其他服务	0.048199
建筑	0.001784		

资料来源：由《中国统计年鉴》整理计算得出。

吉林省的农业发展在全国属于中后位，但据此数据分析，吉林省的农业发展也表现出较为类似的后向关联关系。这为吉林省进行产业融合，促进产业结构的优化、推动农业发展提供了一定依据和支撑。

（二）农业的前向关联分析

前向关联反映某产业部门对把该产业作为中间产品产业部门的推动作用，农业的前向关联主要是指把农业作为中间产品对其他产业部门的推动作用。农业是国民经济中的基础产业，是其他产业发展的前提，因此农业作为中间投入品将推动国民经济中许多产业的发展。一般来说，通常用直接分配系数分析农业的前向关联关系。直接分配系数：表示某一产业部门单位总产出直接分配给其他产业部门作为中间使用的产品或服务的数量。用公式表示：

$$H_{ij} = x_{ij}/(X_i + M_i)$$

其中，x_{ij} 表示 i 产业部门提供给 j 产业部门作为中间使用的产品或服务的数量，$X_i + M_i$ 表示 i 产业部门产品或服务的总供给，即国内产出 + 进口。

表6-3　　农林牧渔产品与其他各产业前向关联直接分配系数

农林牧渔产品	0.126432	批发零售、运输仓储邮政	0.065365
采掘产品	0.189524	其他各类制造产品	1.076328
食品和烟草	0.111187	电力、热力、燃气和水的生产和供应	0.23117
木材加工、家具、造纸印刷和文教工美用品	0.216166	机械设备、交通运输设备、电子电气及其他设备	0.038075
金融和房地产	0.084401	信息传输、软件和信息技术服务	0.251683
炼油、炼焦和化学产品	0.071421	科学研究和技术服务	0.272917
非金属矿物制品	0.222631	纺织、服装、鞋及皮革羽绒制品	0.186286
金属冶炼、加工及制品	0.09392	其他服务	0.048347
建筑	0.064018		

资料来源：由《中国统计年鉴》整理计算得出。

由表6-3可见，农业与其他各类制造产品，科学研究和技术服务，信息传输、软件和信息技术服务，电力、热力、燃气和水的生产与供应以及非金属矿物制品的直接分配系数较高，排名前五，分别为1.076328、0.272917、0.251683、0.23117、0.222631，即农业每增加1万元产出，直接作为中间产品投入到农业与其他各类制造产品，科学研究和技术服务，信息传输、软件和信息技术服务，电力、热力、燃气和水的生产与供应以及非金属矿物制品，从而创造的产值分别为10763元、2729元、2517元、2312元和2226元，表明农业与这些产业的直接前向关联度较高。

二 吉林省农业的产业扩散效应分析

(一)扩散效应的内涵及其外延

如果说产业的后向关联和前向关联侧重于分析的是后和前,是链条效应,那么产业的扩散效应分析则在后和前的基础上又多了一个方向,即侧面,是辐射效应。如本书第二章所述,经济学家罗斯托针对主导产业的影响提出了主导产业的扩散效应理论。美国经济学家罗斯托(Walt Whitman Rostow)为强调支柱产业对经济和社会发展的影响力提出了罗斯托准则,即"扩散效应最大准则"。

罗斯托认为主导产业对其他产业的影响非常广泛,按照其影响方向的不同,将主导产业对各产业的影响划分为回顾效应、前瞻效应和旁侧效应。其中回顾效应是指主导部门的增长对那些向自己供应投入品的供应部门产生的影响,这与产业的后向关联在含义上是一致的;前瞻效应是指主导部门的成长诱导了新兴工业部门、新技术、新原料、新材料、新能源的出现,改善了自己供应给其他产业产品的质量,从产业关联角度,前瞻效应与产业的前向关联一致;与产业关联分析不同的就是旁侧效应,是指主导部门的成长还会引起它周围地区在经济和社会方面的一系列变化,这些变化趋向于在广泛的方面推进工业化进程。

这里的扩散效应虽说是针对主导产业,但在国民经济中,任何一个产业都会对其他产业产生影响,只是影响的程度和范围有区别。正是由于产业与产业之间的这种扩散效应和关联效应的存在才使整个国民经济体系成为密不可分的整体,相互促进、相互影响,推动经济社会的不断发展。

(二)农业的扩散效应分析

农业在生产力不发达、生活水平较低的人类社会发展初期处于重要的支柱地位,其发展直接对人民生活和社会生产有着至关重要的影响。到了现代社会,三次工业革命的发生大大提高了社会劳动生产率,农业的基础地位虽然没有发生改变,但制造业、服务业快速兴起，两者创造的产值不断增加，增速也远高于农业，农业已经不再作为主导产业而存在，但其对其他产业的这三种效应仍然存在着，我们将罗斯托的产业扩散效应分析应用于现代农业的影响分析中，可得出农业的三个方面的效应。

1. 农业的回顾效应

依据回顾效应的定义，农业的回顾效应主要是指对向农业提供投入品的部门的影响。作为国民经济的基础产业，农业是取自自然的产业，因此较之于第二、第三产业，对农业进行投入的部门相对较少。基于农业自身的特点，向农业进行投入的部门或产业主要有：农机制造、化肥、农药、种子、电力、金融等，这些部门为农业生产提供工具和原料，农业的快速发展需要上述这些产业的快速发展，因此形成较为明显的回顾效应。农机制造业、肥料行业、农用药品行业、电力生产与供应业、种子行业以及金融业等构成了农业的产前行业。这几个行业的集中度不同，按高低依次排序大致是电力生产与供应业、化肥制造业、农用药品制造业、种子业、农机制造业、饲料加工业。当然，在绿色发展理念的指导下，农业生产使用的资金不仅局限于原有的种子、化肥、农药、地膜等方面传统贷款产品，还需要创新金融产品、降低贷款门槛，以支持农业生产中对农业机械设备、农业技术等方面资金的需求。农业发展需要资金，农业生产需要金融、信贷部门投供金融支持，农业的发展也将促进金融，尤其是农村金融的发展。

吉林省的农林牧渔业发展促进了吉林省农机业、种子部门、化肥行业及饲料加工行业的发展，表现的即是农业的回顾效应。

2. 农业的前瞻效应

与回顾效应方向相反，前瞻效应主要是某产业的成长诱导了新兴产业或其他产业的发展。农业发展过程中，需要有新的技术和创新，新的交易方式，如近年来，尤其是新冠肺炎疫情暴发以来，限于线下交易无法正常进行，借助线上交易平台，农产品得以继续交易，因此线上交易平台和交易方式出现。此外，各类与农业有关的APP也不断出现。在农产品交易日益活跃，农产品物流发展迅速，农产品电商平台交易活跃，这些表现的即是农业的前瞻效应。与农业产后相关的行业还有食品加工业、饮料制造业、烟草加工业、纺织业、皮毛制品业、木材加工业、家具制造业、造纸业、医药工业、橡胶制造业以及涂料工业等。

近年来，吉林省每年举办农业产品博览会，自 2002 年开始举办至 2020 年已经举办 19 届。每年 8 月中旬举办，历时 10 天，会上展示农业机械、种子、化肥等最新农业发展成果，为本地及周边地区的农民、农业生产厂商提供交流、展示的机会。现已成为全球第一大农业博览会，累计展会参观参展人数超过 2000 万人，累计签约金额逾 1500 亿元，农业博览会就是吉林省农业前瞻效应的直观表现之一。近年来发展火爆的乡村旅游、农家院等新的旅游休闲方式就是以农业为基础的新业态，这也体现出农业的前瞻效应。

3. 农业的旁侧效应

旁侧效应是某产业的成长引起它周围地区在经济和社会方面的一系列变化。农业生产不仅会产生如前所述的回顾效应及前瞻效应，还会对环境、法律、健康等方面产生影响，这可称之为农业的旁侧效应。

自古以来，农业生产都是在借助自然的土地、光照等资源进行生产，消耗大量的土地资源和水资源，在不适当发展的过程中，超过了自然资源本身的承载力，如化肥的过度使用造成的土地板结，农药残留造成的对人体健康的损害等，相应地自然环境受到来自农业的负外部效应，对自然环境的影响即可看作是农业发展过程中的旁侧效应。

当然农业的上述效应界限并不分明，也存在着互有交叉的情况，尤其是将农业进一步细化为农林牧渔等产业后。例如饲料工业相对种植业是产后行业，而相对养殖业则是产前行业。其他行业都是以农产品为原料或主要原料。再如金融业，依传统的划分方式，金融业常作为农业的旁侧效应出现，但事实上金融业提供的资金作为农业的生产要素之一投入农业生产中，金融业迎合农业资金需求创新的金融产品又可作为农业的前瞻效应。随着绿色发展理念不断深入人心，农业生产越来越注重生态保护，原作为旁侧效应的环保则可进一步表现为前瞻效应。农业的扩散效应如图6-1所示。

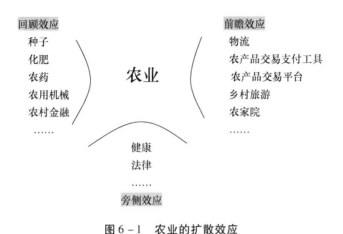

图6-1 农业的扩散效应

第二节 吉林省农业产业结构合理化分析

分析产业结构的合理化，一般是按照发达国家产业结构演进规律，在第一、第二、第三产业之间的占比随着国民经济的不断发展，第一产业比重不断下降，第二产业比重相对保持稳定，或略有下降，第三产业，即服务业比重不断上升的趋势。此演变规律无论是发达国家还是我国的发达地区都已发生。这一过程就是一般意义所说的产业结构合理化过程。依据此种分析方法，按当年价格计算吉林省产业结构属于"三二一"类型，即倒金字塔形，这种结构类型表明国民经济体系一般属于工业化后期。但很明显，吉林省较之于我国北上广等发达地区的后工业时期的产业结构类型仍有明显差距。吉林省农业总产值在全国排名较为靠后，但以农业为代表的第一产业占比在产业结构中仍然较高，这表明吉林省从产业结构总体来看仍然需要进一步调整和优化。

一 产业合理化的界定及其外延

（一）产业合理化的界定

分析吉林省农业产业结构是否合理，可回到产业结构合理化本源进行讨论，即产业结构合理化就是要促进产业结构的动态均衡与产业素质的提高。从产业结构合理化的内容中进行分析判断。协调是产业结构合理化的核心内容。而产业之间是否协调主要从以下几个方面进行分析：看产业素质之间是否协调；看产业之间的关联方式是否协调；看各产业之间的相对地位是否协调；可以从供给是否与需求相适应来判断产业之间是否处于协调状态。依据苏东水教授的观点①，造成产业结构不协调的原因主要有两个：一是供给结构的变化不能适应需求结构的变化，具体表现为当需求结构发生变化时，供给结构存在着不变、滞后及变化过度三种情况。无论哪一种情形发生，都表明产业结构的不协调；二是需求结构的变化不能适应供给结构的变化，具体也表现为三种情形，即当供给结构发生变化时，需求结构不变、滞后或变化过度三种情况。这三种情况的发生也表明产业结构不协调。供给和需求的不相适应，一般会造成资源短缺或资源的浪费，都表明产业结构存在着不合理的状况。

（二）产业合理化的外延

在分析农业产业合理化时，可以结合产业合理化的具体内容，一方面，从宏观上分析农业与其他产业之间的协调性问题，通过分析农业与第二、第三产业在产业素质、关联方式、相对地位以及供需是否相适应来判断农业在整个国民经济体系中是否处理于合理性位置，从而在判断整个国民经济体系的产业结构是否合理的过程中，进一步判断农业产业发展是否合理，是否适应经济社会发展的需要。另一方面，从微观的角度，即农业内部产业结构的合理化问题，通过分析农业内部各细分产业之间的协调与否分析农业产业结构合理化。

---

① 苏东水:《产业经济学》，高等教育出版社 2015 年版，第 220 页。

（三）产业合理化的判断方法与标准

在进行产业合理化判断时，最具有代表性的即是20世纪70代由美国哈佛大学教授、著名经济学家霍利斯·钱纳里提出的，被称之为"钱纳里标准结构分析"。

钱纳里运用投入产出分析方法、一般均衡分析方法和计量经济模型，通过多种形式的比较研究，考察了第二次世界大战后以工业化为主线的发展中国家的发展经历，构建出具有一般意义的"标准结构"[1]。他指出人均GDP在不同范围内，第一、第二、第三产业的比重在不断发生变化。在人均GDP 100—1000美元的发展区间中，初级产业的附加价值从占GDP的52%下降到13%；制造业的变动也很显著，从12.5%上升到38%；基础设施和服务业不断稳定上升。[2] 相应地，劳动力在不同产业间的比重也在不断调整。一般来说，只有当超越人均300美元的临界点之后，制造业增值才会超过初级产业的增值。尽管就业的变化受到种种非均衡因素的影响而显得比较复杂，但统计分析的结果还是相当有规律的，即随着收入的提高，初级产业劳动力比重从71%不断下降，钱纳里标准结构制造业劳动力比重则从7.8%不断上升；当人均收入超过1000美元后，工业中的就业开始超过第一次产业的就业；一旦人均收入达到1500美元，钱纳里标准结构第一次产业的劳动力份额将下降到15%，而工业和服务业所占用的劳动力份额则越来越大。[3]

钱纳里标准结构的主要结论是：一个经济增长普遍模式的存在，可能仅仅由于产业体系有着某种在世界范围内的趋同要素[4]；要获取经济的全面发展，钱纳里标准结构需要全要素相关关系的总体协调及全面的结构转换。影响结构转换的因素很多，钱纳里标准结构包括收

① 杨光：《外商直接投资对吉林省产业结构的影响及对策研究》，硕士学位论文，东北师范大学，2011年。

② 李凯：《论产业结构的优化》，《山西财经学院学报》1997年第6期。

③ 汪霞：《长三角地区产业结构变迁的就业效应研究》，硕士学位论文，华东师范大学，2014年。

④ 周振华：《论现代经济增长与产业结构优化》，《财经研究》1990年第6期。

入水平、资源禀赋、人口规模、发展目标、政府政策及国际环境等，钱纳里标准结构中处于核心地位的是产业结构调整、就业结构转换及城市化进程。

二 农业与其他产业之间的协调性分析

（一）与发达国家和我国发达地区产业结构比较

依据以上产业结构合理化的判断标准，选取发达国家和我国发达地区三次产业之间的结构占比作为评判标准，来考察吉林省农业产业在国民经济发展过程是否满足产业结构合理化的要求。

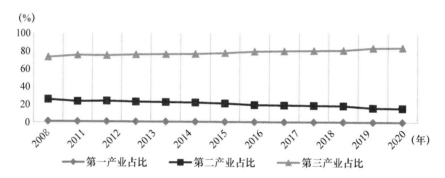

图 6 - 2　2008—2020 年北京市三次产业占比变化曲线

资料来源：依据《中国统计年鉴》整理计算得出。

图 6 - 2、图 6 - 3、图 6 - 4 分别为 2008—2020 年北京、上海和吉林省三地三次产业产值在国民经济中的占比曲线变化。由图可见，北京产业结构在 2008 年已经表现出"三二一"结构，这也是产业结构的高级化表现，即随着国民经济发展和收入水平的提高，第一产业比重不断下降，并且保持在低水平；第二产业产值占比持续下降，但相对平稳；而第三产业产值占比则保持缓慢增加态势。13 年间，三次产业的比重起伏变化不大，基本保持平缓态势。上海市在 2003 年时产业结构仍然是第二产业为主的"二三一"结构，随后第三产业比重持续增长，第二产业比重持续下降，演化为"三二一"结构。与北京市相比较，除第一产业比重很低与北京相似外，第二产业下降、第三产

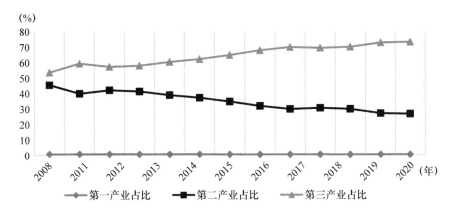

图6-3　2008—2020年上海市三次产业占比变化曲线

资料来源：依据《中国统计年鉴》整理计算得出。

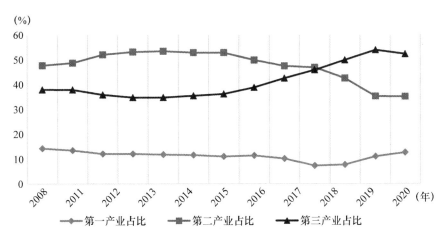

图6-4　2008—2020年吉林省三次产业占比变化曲线

资料来源：依据《中国统计年鉴》整理计算得出。

业上升趋势更为明显。

　　相比于北京、上海这两个我国最发达的地区，吉林省三次产业直到2018年才是明确的"三二一"结构，"二三一"结构一直是吉林省产业结构形态，这与吉林省东北工业基地的身份相符合。所以第二产业一直占据吉林省GDP的半壁江山，甚至在2013年占比达到最大值52.8%。到2018年，吉林省第一次产业、第二次产业、第三次产业占比分别为7.7%、42.5%、49.8%。第一产业，即农业在三次产业比重表明吉林省的产业结构仍然落后于发达国家和发达地区，与吉林省在全国的经济发展水平相符，但这也进一步表明吉林省农业需要继续进行升级发展，才能有助于全省经济发展的提升。

（二）从供求角度判断农业与其他产业是否协调

农业对其他产业的供给和其他产业对农业的需求，农业对其他产业的需求和其他产业对农业的供给，这两个方面是否相互协调可以作为农业发展是否合理化的重要依据。其结构关系如图6-5所示。

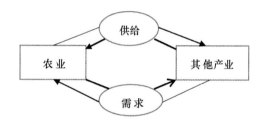

图6-5　农业与其他产业供求关系

1. 农业对其他产业的供给和其他产业对农业的需求

农业处于国民经济体系内部各产业的基础地位，是其他各产业的重要投入品。农林牧渔业的各类产出为餐饮、旅游、食品加工业、制造业等提供原材料。从吉林省农林牧渔业产值来看，其在全国均属后位，当餐饮、旅游、食品加工业、制造业快速发展需要大量农产品投入时，农产品供给不足以满足各产业发展对农业的需求，则表现为农业与其他产业发展不协调，也在一定程度上制约其他产业的发展。以渔业发展为例，吉林省渔业资源有限，产值在全国排名第22位，吉林省居民对于海产品的消费多来自大连、青岛等沿海地区，本地水产品供给不足以满足居民消费需求。近年来，吉林省餐饮、旅游、食品加工业、制造业等各类与农业相关的产业受制于人口外流、气候、经济发展水平等因素，发展相对缓慢，种植业的玉米、水稻等粮食作物除了满足基本生活需求外，更多地用于外销，以天景玉米为代表的食品类品牌并未在全国获得有力的竞争力，其他产业对农业的需求无法满足农业的供给。这种农业与其他产业要么供小于求，要么供大于求，说明农业发展与国民经济其他各产业发展不协调。

2. 农业对其他产业的需求和其他产业对农业的供给

农业发展也对其他产业形成需求，其他产业对农业的供给也影响农业的发展。例如农业技术和农业机械制造、农村金融，等等。这种需求与供给如果不相对应，也会表现为农业与其他产业发展的不协调。

农业生产原属于典型的劳动密集型产业，但在现代农业发展过程中，小块分割的土地不利于提高劳业劳动生产率，加之近年来我国城市化进程不断加快，原有的土地经营管理已经不适应现代农业发展需要。近几年来，我国大力推进的土地确权正在全国展开，吉林省也正在进行土地确权，其目的就是促进农业发展，经过确权后的农村土地，可以通过承包，形成大片的土地耕种，这有利于提高农业劳动生产率，提高农业的投入产出比。这就形成了对农业生产新技术、先进的农业机械的巨大需求，同时对于农业机械的采购、农用化肥、农药的需求等都将形成对资金的巨大需要，土地经营方式的转变促成了对农机设备生产行业、农村金融行业等产业发生一系列变化，需要研制更为先进高效、环保、节能的农机具，更适应农业发展需要的金融创新工具。如果农业发展对上述这些产业的需求得不到满足，即没有适合我国农业发展的农用机械设备和没有适应的农村金融产品，即这些产业对农业的供给与农业对这些产业的需求不相适应，也表现为农业与其他产业发展的不协调。

吉林省农村金融起步较晚，发展较快，但近几年由于吉林省农业人口外流严重，延缓了农村金融发展的步伐。由于人口外流、收入水平、观念意识、气候条件等因素的影响，吉林省农业本身发展相对缓慢，对农业新技术、农机设备的需求相比于其他发达地区要少。这种农业对其他产业的需求与其他产业对农业的供给也存在着要么供小于求，要么供大于求的状况，所以也表现为农业与其他产业发展的不协调。

三 农业各细分产业之间的协调性分析

农业内部各细分产业，农林牧渔之间，由于水、土壤及地形结构等自然资源本身的不同，自然形成产业的差异。但各细分产业之间也存在一定的供求关系，各细分产业之间的地位、产业素质也有不同，这也可在一定程度上判断农业内部产业结构是否合理化。

吉林省农、林、牧、渔各细分产业中，玉米、水稻等粮食种植占比较大，蔬菜、水果等相对较少，牧业在全国位置相对于其他几个产业来说稍微靠前，林业和渔业产值比重较低。种植业可为牧业和渔业提供饲料。渔业资源少，相对于农业的需求就少。牛、羊、猪、鸡、鸭、鹅等养殖业的发展需要大量的饲料，形成对玉米等粮食作物的需求。吉林省各细分产业在供求方面的供给基本可以满足需求。

从各细分产业在国民经济中的地位分析农业内部各细分产业的协调可见，虽然土壤条件优越，种植业在吉林省产值中占比较大，而渔业和林业产值占比较低，但吉林省政府为实现乡村振兴，实现农业现代化目标，对各细分产业都落实了相应的扶持政策，从政府角度，各细分产业的地位差别不大。此外，如果从产业素质来判断各产业是否满足合理化。可用各细分产业的国民收入份额和劳动力份额相比，即比较劳动生产率进行判断。一般而言，如果各产业的比较劳动生产率数值分布比较集中而又有层次性，则说明各产业的素质比较协调；如果各产业的比较劳动生产率数值分布得很离散而无序，则说明各产业的素质不协调。[①] 鉴于吉林省在计算比较劳动生产率的数据的可得性，这里无法通过计算进行比较，从农业人口在各细分产业的粗略分布可以看出，吉林省牧业、渔业和林业的从业人员远远少于种植业从业人员，但从行业人员的进入积极性等方面可见，近年来，种植业从业人员退出多、进入少，而其他几个细分产业，尤其是牧业，因其预期利润好于种植业，虽然从业人数少，但其利润相对丰厚，所以比较劳动生产率相对高。从而表现为各产业在产业素质方面有所差别。

---

① 苏东水：《产业经济学》，高等教育出版社 2015 年版，第 221 页。

第三节 吉林省农业结构的高度化分析

产业结构高度化以产业结构合理化为基础，脱离合理化的高度化只能是一种"虚高度化"。产业结构合理化的过程，使结构效益不断提高，进而推动产业结构向高度化发展。可见，合理化和高度化是构成产业结构优化的两个基点。在分析了吉林省农业与其他产业的关联关系、扩散效应以及产业的合理化以后，将进一步分析吉林省农业的高级化问题。

一 产业结构高度化概述

（一）产业结构高度化的内涵及外延

1. 产业结构高度化的内涵

产业结构的高度化是产业动态的从低水平向高水平变化的过程。依据经济学家对产业结构演变规律的研究，这种高度化可以表现为：

第一，从三次产业之间的优势地位的转化上，高度化表现为由第一产业具有优势地位向第二产业具有优势地位，再向第三产业具有优势地位转变。

第二，从附加值产业转变来看，由低附加值生产为主向高附加值产业具有优势地位进行转变。

第三，各产业内部的高度化，即第一产业由粗放型向集约型再发展至工厂农业；第二产业由轻纺工业占主导向加工型重工业为主导转变；第三产业由传统服务业向现代服务业转变，等等。

2. 产业高度化的外延

产业结构高度化从宏观上来说是不同产业之间结构由低级向高度演化的过程，但这种高度化也可能从中观，即每个产业的高度化理解。每个产业实现了高度化，在某种程度上也说明产业结构实现了高度化。对某一产业高度化的分析也是对产业结构高度化分析的一个角度。

3. 产业高度化的影响因素

需求结构、供给结构、国际贸易结构、国际投资结构是决定产业结构变动的基本因素，但是对产业结构高度化起核心作用的则是创新。从经济学角度定义的创新，依据美国经济学家熊彼特的观点，所谓创新是引入一种新的生产函数，以提高社会潜在的产出能力。创新具体表现为三个方面：即创造出新的商品和服务；在既定的劳动力和资金的情况下，提高原有商品和服务的产出数量；具有一种扩散效应的功能，这种扩散效应能促进经济的快速发展。因此，创新不仅可以提高生产商品和服务的能力，而且可能增加品种；同时，创新的出现在产业结构效应的作用下引起关联产业的一系列的积极变化。创新对产业结构的影响既有直接的，也有间接的。[①]

创新对产业结构的直接影响，主要体现在创新将引起生产要素在产业部门之间的转移，导致不同部门的扩张或收缩，从而促进产业结构的有序发展。

创新对产业结构的间接影响主要体现在两个方面：一是创新通过对生产要素相对收益的影响而间接影响产业结构的变化；二是创新通过对生活条件和工作条件的改变而间接影响产业结构的变化。创新往往会创造新的或某些潜在的巨大需求（最终或中间需求），并且有可能通过连锁反应对需求产生更广泛的影响。而这些需求结构的变化无疑会影响产业结构的变化。[②]

本书在探讨吉林省农业高度化时，主要从农业产业的附加值、技术、集约程度以及高度化等方面进行分析。

二 吉林省农业高度化分析

（一）吉林省农业高附加值化分析

高附加值是以产品原有价值为基础，通过生产过程中的有效劳动

---

① 苏东水：《产业经济学》，高等教育出版社 2015 年版，第 215 页。
② 苏东水：《产业经济学》，高等教育出版社 2015 年版，第 216 页。

新创造的价值，即附加在产品原有价值上的新价值。高附加值产品，是指"投入产出"比较高的产品。其技术含量、文化价值等，比一般产品要高出很多，因而市场升值幅度大，获利高。在农业生产中，高附加值一方面体现在农作物由初加工经过深加工后，产品附加值的提高；另一方面则以投入较少产出较高的经济作物为主要表现。

玉米一直是吉林省重要的粮食作物，除最基本的食用、饲用外，近年来玉米的能源、食用、精细化工价值得到进一步开发，产业链条不断延伸。吉林大成集团早在21世纪初期即用玉米秸秆提炼乙醇汽油，对大幅度提高玉米的附加价值提供了可能；通过秸秆制糖工艺生产的糖产品不但成本低，而且质量优。生产1吨糖只需2.5吨玉米秸秆，玉米秸秆按每吨600元收购，2.5吨为1500元，加工制造费用2000元，秸秆糖的成本为每吨3500元，较玉米更具有成本优势。玉米初加工产品的增值只是原值的1—3倍，而精深加工产品的增值却能够达到几十倍甚至上百倍。[①] 麦芽糊精、葡萄糖、麦芽糖等玉米的低端产品因工艺简单，生产企业众多，利润逐步降低，而麦芽糖醇、赤藓糖醇等高端产品因工艺复杂、具有一定的技术壁垒，利润较高，具有极大的升值空间。大豆加工成酱也是增加产品附加值的有效途径。

除对粮食作物通过精深加工提高产品附加值外，种植高附加值的经济作物也是吉林省农业高级化的一个重要表现。其中最有代表性的就是甘薯、甜瓜和各种笋类以及秋葵。2015年，吉林省甘薯的种植面积在两万公顷以上，甘薯的平均产量为每公顷3万公斤。农民不离地头，每公斤就能卖到1.2—1.6元。1公顷的收入至少是3.6万元。农安和双辽是吉林省甘薯主产区。梅河、柳河、合隆等地也有越来越多的农户种植甘薯。吉林省是我国甜瓜的优势产区之一，种植纯收益达到全省玉米的12%以上，已经成为我省重要的经济作物之一。随着人们越来越关注入口食品的营养和保健作用，芦笋的市场需求不断扩大。70%以上的绿芦笋和紫芦笋都供应国内市场；而白芦笋90%则出

---

① 张蕾：《浅淡玉米深加工面临的问题及对策》，《黑龙江科技信息》2011年第6期。

口到德、美等国。吉林省的生态环境完全可以发展芦笋种植。秋葵也越来越受到农民喜爱。吉林市永吉县、长春市莲花山附近以及四平市郊区都有秋葵种植。2015 年，我省种植秋葵的面积已达到 670 公顷。秋葵的经济效益很可观，1 公顷地农民的纯收入不低于 4.5 万元。

吉林省农业的高附加值化发展有助于加快吉林省乡村振兴战略，增加农业收入。但与其他农业大省相比，吉林省的高附加值化有待进一步提高。除了对玉米、人参等农产品进一步加强科技创新，拓展销售市场外，对具有高附加价值的经济作物还需要进一步加大品牌宣传，通过产业融合，进一步增加科技创新提高其附加价值。

（二）吉林省农业产业高技术化分析

高技术化，即在产业中普遍应用高技术（包括新技术与传统技术复合）。吉林省农业的高技术化一是体现在农产品新品种开发；二是农业相关科技创新在农业产前、产中及产后的使用方面，也包括各种农机具、农业机械的技术引入。近年来，吉林省农业农村经济已经进入高质量发展的新阶段，必须尽快推广具有见效快、效益高、实用性强的现代农业新技术。[①]

首先，农业新品种不断引入。部分农作物新品种如表 6 - 2 所示。"吉徐薯 1 号""吉徐紫 2 号"是吉林省第一个甘薯、紫甘薯品种，很受农民喜欢。吉林省农科院选育的四个新品种在全省各地均有种植，种植面积在 6 万公顷左右。公主岭市豆角产业发展较好，其生产的豆角分别于 2003 年和 2004 年被农业部认证为无公害农产品。主产地怀德镇，被认定为绿色无公害农产品生产基地。2012 年，被中国蔬菜流通协会命名为"中国油豆角之乡"。销往东北三省及内蒙古，辐射北京、上海、广州、深圳等城市和部分省区，并外销到俄罗斯、蒙古、韩国等国家。"吉甜瓜 1 号"不仅适合吉林省农民种植，也受到河北、辽宁、黑龙江和内蒙古等地农民的欢迎。"公谷 83 号"和"公谷 86 号"，多年的研究，已经实现大面积种植，全面推广。洮南绿豆是国家地理标志产品保护项目，洮南也是全国重要的绿豆生产和集散地之

---

① 冯超：《新农技助推农业现代化》，《吉林日报》，2018 年 10 月 19 日。

一。"吉绿 10 号"绿豆，是省农科院专家推广的新品种，省农科院的专家通过洮南县农技推广站协同工作，与合作社建立联系。项目专家提供种子种植技术等，由合作社种植管理，机械化收割、脱粒；收获之后，直接由经营性服务组织进行销售，将绿豆销往全国。洮宝创业团队将刘老三合作社收获的绿豆，一粒一粒精选、精包装，310 克 1 袋可以卖到 60 元。

表 6-2　　　**吉林省经济作物引入的部分新品种及主要特点**

种类	新品种	主要特点
甘薯	吉徐薯 1 号 吉徐紫 2 号	中晚熟，富含胡萝卜素，高抗黑斑病 中熟品种，商品率 90% 以上。鲜薯食用品质较好，有香气
甜瓜	吉甜瓜 1 号	早熟、高抗枯萎病和耐低温弱光
豆角	吉菜豆 1 号	早熟、优质、高产、抗病，果荚饱满，单株结荚数多，采摘期长
水稻	金香 2 号	抗病性和抗逆性
谷子	公谷 83 号 公谷 86 号	抗除草剂，便于机械化操作
绿豆	吉绿 10 号①	株型直立，成熟一致，抗倒伏，适合机械化收获，综合抗性好，抗叶斑病、根腐病，耐旱耐盐碱。适应性广

资料来源：依据吉林省农科院网站资料整理得出。

其次，新技术在农业生产过程中不断引用。主要表现在以下几个方面。

第一，科研院所与农业生产密切结合，促进农业重大技术的推广应用。以农业科研院所的专家团队为核心，以技术人员为骨干，在田间地头对示范农户进行面对面实地指导，使农业的技术服务能满足农业的生产需求，从而实现了用技术创新推动产业发展。尤其是在玉米、水稻、人参、杂粮等主要农作物的产业示范区，通过从农业科研试验基地到农业经营主体的链条式推广模式，将农业新技术应用于农

---

①　填补了我省直立型绿豆品种的空白。

业生产，实现产业的规模化、标准化和精细化。

第二，示范推广集成配套轻简栽培技术。以谷子种植为例，机械化精量播种之后，不用人工间苗；膜下滴灌，最大限度保证水分；化学除草后，谷子苗壮成长；秋天，收割机直接将谷子脱粒归仓。这种集成配套轻简栽培技术的示范推广，比普通生产田平均增产5%以上，每亩节约成本200元以上。是现代农业的发展趋势和方向，真正做到绿色兴农、质量兴农。吉林省农业科技成果转化和推广应用，加快推进实现农业农村现代化和乡村振兴。

第三，用新技术推广农产品。传统的农产品销售借助的是实体店，近年来，由于互联网的兴起，网络平台日渐成为农产品销售的重要渠道。特别是在我国近两年脱贫攻坚的过程中，各种网络小程序成为宣传农产品、销售农产品的方式和手段，有助于农民收入的增加。

近年来，吉林省农业劳动力大量外流，农村人口流向长三角、珠三角等经济相对发达的地区和省份。尤其是青壮年劳动力外流明显，农业劳动力老龄化现象日益严峻。青壮年人年轻力壮，学习能力强，对知识的接受比老龄农业人口快得多，也更容易接受新鲜事物，但随着他们离开农村，相关农业知识和技术在农业的推广速度放慢，从而不利于农业向高级化方向发展。这不仅体现在农业生产环节，在农产品交易环节也是如此。近两年来，由于各种原因发生了农产品滞销，但网络平台的发展，直播带货等形式的出现极大地缓解了农产品的销售困难的局面，但这些新媒体形式是日趋老龄化的农业人口很难快速掌握的。

此外，水资源的利用方式与利用技术上没有体现农业生产的高级化发展。很多县镇在农业春耕时节，由于缺水，仍采用抽取地下水，大水漫灌的形式，而没有达到点灌的程度，浪费了水资源，采用人力运水灌溉的形式，大大影响了农业劳动生产率。

吉林省农业发展过程中农业专利数量，农业机械化程度，农业技术员的人数等分析。创新在吉林省农业中应用具体可以表现为农业由粗放式经营向集约化经营的转变，再向工厂式农业的发展。但从吉林省农业发展现状来看，仍以粗放式经营为主，对农田的利用效率与日本有较大差距。

农业的高度化发展一个非常重要的表现就是工厂农业的出现。工厂农业对于生产蔬菜等农产品行之有效，而且可以减少对自然条件，如温度、雨水、光照、土壤的依赖，形成批量生产，但吉林省的蔬菜生产除了大量从外输入外，自产的蔬菜以塑料大棚为主，采用工厂式发展得很少，而且品种也非常有限。

（三）吉林省农业高集约化分析

集约化指在社会经济活动中，在同一经济范围内，通过经营要素质量的提高、要素含量的增加、要素投入的集中以及要素组合方式的调整来增进效益的经营方式。农业的集约化是指农业生产中把一定数量的劳动力和生产资料，集中投入较少的土地上，采用集约经营方式进行生产，农业的集约化与粗放农业相对应。通过集约化经营，从单位面积的土地上获得更多的农产品，不断提高土地生产率和劳动生产率。

在一定面积的土地上投入较多的生产资料和劳动，通过应用先进的农业技术措施来增加农产品产量的集约化农业，是农业生产发展的客观规律。美国、日本、以色列等农业发展水平较高的国家，其农业发展都经历由粗放经营到集约经营的过程。特别是20世纪60年代以后，这些国家在农业现代化中，都比较普遍地实行了资金、技术密集型的集约化。当然，由于各国农业发展条件不同，在实行集约化的过程中各有侧重。有的侧重于广泛地使用机械和电力；有的侧重于选用良种、大量施用化肥、农药，并实施新的农艺技术；有的则侧重于借助计算机网络技术对相关资源（比如水）的高质量高效率使用，从而提高劳动生产率，进而提高单位面积产量，促进农业发展。

农业集约化可以具体表现为农田基本建设，发展灌溉，增施肥料，改造中低产田，采用农业新技术，推广优良品种，实行机械化作业等。农业的高集约化是农业集约化程度更高的阶段，也就是集约化具体表现的更广泛更深入的实施和推广。农业的集约化程度和发展水平主要取决于社会生产力和科学技术的发展水平，也受自然条件、经济基础、劳动力数量和素质的影响①。可以借助两大类指标进行判断：一是单项指标。如单位面积耕地或农用地平均占有的农具和机器的价值（或机器台数、机械马力数）、电费（或耗电量）、肥料费（或施肥量）、种子费（或种子量）、农药费（或施药量）乃人工费（或劳动量）等；二是综合指标。如单位面积耕地或农用地平均占用生产资金额、生产成本费、生产资料费等。②

　　近年来，吉林省为加快乡村振兴，实现农业现代化，通过加强农业基础设施建设、加大农业机械化投入等推动吉林省农业的集约化发展。

　　吉林省是我国排名靠前的产粮大省，2019 年粮食总产量达到 775.6 亿斤，已连续七年突破 700 亿斤。高标准农田建设有利于提升农业规模效益和机械化水平。采取集中连片、统一的耕作、灌溉、施肥标准，在田间设置永久的耕种设施，到 2020 年底，全省要建成 3300 万亩集中连片、稳产高产、生态友好的高标准农田；到 2022 年建成 4000 万亩，以此稳定保障每年 700 亿斤以上的粮食产能。以德惠市为例，该市高标准农田建设目标是"四网"配套和"四力"提升，"四网"，即田网、渠网、路网、林网；"四力"，即农田排灌能力、土壤培肥能力、农机作业能力、综合产出能力。实现集中连片、设施配套、高产稳产、生态良好、抗灾能力强，与现代农业生产和经营方式相适应、耕地质量提高的高标准农田。2018 年高标准农田建设项目区划定了米沙子镇、朱城子镇、布海镇、惠发街道、大青咀镇，总面积为 1230 公顷，共有 6 个施工标段，惠及米沙子镇岫岩村、姜家村，朱城子镇福来村，布海镇新城村等多个村。至 2018 年 11 月，已经完成了所有规划建设任务，修建道路 46.892 公里，涵管 35 座，土埋管 19 座，农桥 6 座，过水路面 3 座，重力式挡土墙 139 米。高标准农田建设项目使农村里的基础设施得到改善，村民生活水平、土地

　　① 苗忠、彭程：《集约型农业中物联网技术应用探索与研究》，《价值工程》2012 年第 24 期。

　　② 陈亚娟、苏志浩：《谈廊坊农业向集约型经济发展的可行性》，《商业经济》2010 年第 10 期。

利用率、耕地质量和土地生产能力均得到极大提高。建成的高标准农田，要划为永久基本农田，实行特殊保护，防止"非农化"，引导高标准农田集中用于重要农产品特别是粮食生产。将高标准农田建设与黑土地保护、有机肥推广结合，主要用于玉米、水稻、大豆等粮食生产。为进一步支持高标准农田建设，吉林省进一步优化财政支出结构，将农田建设作为重点事项，保障财政资金投入，同时鼓励各地政府有序引导金融和社会资本投入。

如图6-6所示，2009年以来，吉林省每公顷农用机械总瓦力呈现上升趋势。尤其是2016年以来，农业机械化水平显著提高。图6-7表明，吉林省农业用电量由2009年的每公顷5.0973千瓦上升至2018年的每公顷7.0152千瓦。每公顷用电量不断上升，由2009年的702.4千瓦时上升到902.1千瓦时。

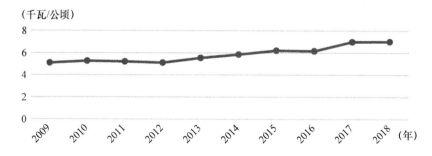

（千瓦/公顷）

图6-6　2009—2018年吉林省单位机耕面积使用农业机械总瓦力

在现代农业发展过程中，化肥已经成为农业生产的必需品。施用化肥有效增强土壤肥力，提高农业物产量。如图6-8所示，2009—2018年，吉林省农业生产中的化肥使用量总体呈现出倒"U"形。先增加，至2016年达到最大值后开始下降。氮、磷、钾及复合肥等农业生产普遍采用的肥料中，氮肥和复合肥占比最大。但两者的施肥量变化不同，氮肥用量呈现不断减少的趋势，2018年较2009年减少了14.13%。复合肥则呈现增加趋势，2018年较2009年增加了65.76%。磷肥和钾肥在各类化肥中占比较低，其中磷肥的使用量变化不大，9年间基本维持在40万吨左右；钾肥的占比最小，9年间增

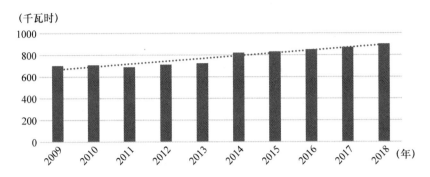

图 6 - 7   2009—2018 年吉林省每公顷用电量

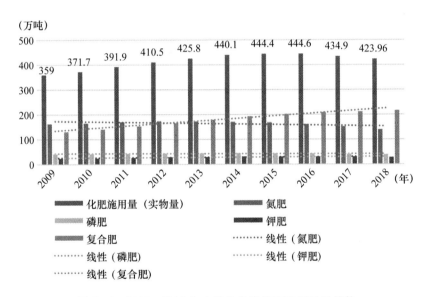

图 6 - 8   2009—2018 年吉林省各类化肥施用量及趋势

加了 1.34 倍。

图 6 - 9 表明，1996—2018 年，吉林省每公顷化肥使用量基本保持在 700 公斤上下，波动幅度不大。这说明化肥在农业生产中仍发挥着重要作用。

农业实现高集约化受到多种因素的影响，在一定面积的土地上投

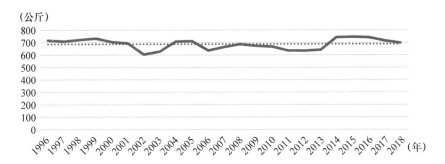

图 6 – 9　1996—2018 年吉林省每公顷化肥施用量及趋势

入较多的劳动、资金和技术，以期取得较多的单位面积产量，又能减少每单位产品动耗费，它以科学技术的不断进步为前提。虽然近些年来，农业机械化程度较 20 世纪有较大改进，但主要体现在农业产后的玉米的颗粒处理等方面。对于种子栽种，化肥施用，玉米棒、水稻、黄豆等的农业收割等环节，受限于耕地面积小等，不利于大形农业机械的使用，从而在农业高集约化发展方面仍有待提高。

（四）农业产业高加工度化分析

高加工度化在农业方面的分析主要体现在农产品的精深加工，通过精深加工，可以提高农产品的附加值，从而可以创造更多的农业收入。近些年来，吉林省在玉米、人参、大豆等农产品方面进行不断的精深加工探索。

第四节　吉林省农业的生态化分析

产业结构优化除了合理化、高度化之外，还有一个重要的方向，即生态化。赵玉林认为产业结构生态化是指参照自然生态系统的有机构成和循环原理，在不同产业之间构建类似于自然生态系统相互依存的产业生态体系，以达到资源充分利用，污染排放减少，逐步将整个产业结构对环境的负外部效应降到最低限度，实现经济效益和生态效益的统一。① 在绿色发展的背景下，产业生态化发展是将各产业发展模拟为自然生态系统，使之像自然生态系统的运行一样，构造高效、和谐的产业结构，最终实现产出和资源的环境的持续利用。产业结构生态化既包括产业间的生态化，也包括产业内的生态化。

一 农业生态化的界定及特点

（一）农业生态化的界定

与国民经济体系中的其他产业相比，农业与自然环境的关系最为密切，农业的发展离不开自然环境，在绿色发展背景下，实现农业产业的生态化发展既顺理成章又迫在眉睫。在人类几千年的发展过程中，农业一直作为基础产业存在，保证人类最基本的生存需要，农村是农民赖以生存的家园。农业通过种植、采集、养殖、狩猎、采伐等活动体现了对自然资源的充分利用，但随着 18 世纪以来近现代化工业文明的兴起，在劳动生产率极大提高的情况下，人类对于资源的用度不断加大，当然也包括农业在内，由于粗放的发展方式和认知水平的局限，很长一段时间内，化肥、农药持续过量使用。在提高粮食等农作物产量的同时，也给自然资源和环境造成了沉重的负担。与此同时，新型工业化、城镇化的不断推进，使人类对于生存环境的需求上升到更高的水平。尤其是在食品安全问题不断发生的今天，人类对于农业的期望值更高。绿色发展首先需要的就是农业的绿色发展，这就意味着农业要实现生态化，即根据自然生态规律、区域自然条件和经济发展水平，按照"整体、协调、循环、再生"的原则，系统规划合理组织农业生产和农民生活，因地制宜运用现代科学技术，充分吸收传统农业技艺和农民生活精华，因势利导开发利用自然资源，努力争取生产生活生态和谐共荣。农业的生态化发展可以实现环境保护和经济发展的双目标。如果农业的生产能够尊重自然规律，科学合理地利用农业资源进行生产活动，充分遵循其内在的客观规律，在获得稳定农产品供给的同时，是能够实现保护和改善生态环境质量的。比如，

---

① 赵玉林：《产业经济学原理及案例》，中国人民大学出版社 2014 年版，第 58 页。

传统的"桑基鱼塘"农业模式，被国外誉为"最完善的农牧渔结合形式"；浙江青田稻鱼共生系统、云南红河哈尼稻作梯田系统、贵州从江侗乡稻田鸭复合系统，也都是这方面的典范。

农业与自然环境关系的恶化主要是由人的行为的不适度产生的。对于土壤的过度利用，对于林业、草场、水资源的过度开采和使用都在自然承受了过量的压力，进而也影响了农业本身的发展，影响到人类赖以生存的各类食物的供给，最终受到影响的仍是人类自身。在绿色发展背景下分析农业的生态化尤其紧迫和必要。

（二）农业生态化的特点

1. 可持续性

农业的生态化发展可以降低碳排放，保护并改善生态环境，维护生态平衡，提高农产品的安全性。在最大限度地满足人们对农产品日益增长的质和量的需求的同时，提高生态系统的稳定性和持续性，使农业发展与环境建设有机结合，一方面可增强农业发展后劲；另一方面也为人类的可持续存在提供物质基础和生存空间。

2. 综合性

农业的生态化发展是通过物质循环和能量多层次综合利用和系列化深加工，实现废弃物资源化利用，降低农业成本，提高农业生产效益，实现经济增值。农业生态化需要相应的技术、人才和设备等要素资源的投入，农业要与第二、第三产业相互协调。各产业之间相互扶持，才能提高农业的综合生产能力。

3. 多样性

农业的生态化发展受到不同地区自然条件、资源禀赋、经济社会发展水平等因素的影响，因此在农业生态化的过程中，不同地区将结合本地实际情况，运用现代科学技术，以多种生态模式、生态工程和丰富多彩的技术类型装备农业生产，使各区域都能扬长避短，充分发挥地区优势，各产业都根据社会需要与当地实际协调发展。因此，农业生态化的多样性特点就具体表现为各地区在实现农业生态化的过程中各具特色，各有特点。

二 吉林省农业生态化分析

2001 年年底，吉林省提出决定自 2001—2030 年，利用 30 年时间，进行生态省建设①。生态省建设为吉林省农业生态化发展带来了有利机遇，可持续效益农业、生态林草产业、有机和绿色食品产业被确定为生态省建设中的主导产业之一。经过几年的发展，吉林省农业向着生态化方向发展已经迈出了坚实的一步，但农业的生态化发展还有很长的路要走。

（一）农业生态化的观念认识有待整体提高

农业生态化发展是未来农业发展的必然趋势，但在生态化推行过程中，对农业生态化的认知存在较大差异，这主要表现在两个方面：一方面，是各级政府的认知差别较大。省政府在中央文件的推动下，通过专家的研究，为本地区农业生态化发展问题进行研究，寻找切入点，进行顶层设计。但各级地方政府，尤其是县乡一级政府在执行过程中，多是按照文件指示机械进行，没有结合本地区农业生产特点进行创新，简单照搬他地经验成为农业生态化的一般做法，推行农业生态化动力不足。另一方面，是农业生产主体对农业生态化的认知差别较大。农业生产企业，如水稻种植企业一般比较注重生态化问题，对于自然资源的充分、有效利用执行力较强，比如在稻田里进行蟹养殖，但这种农业生态系统的构建并没有完全产生经济效益，仍然以水稻作为主营产业。对于一般农户而言，因为地少、块小，受农业资金投入和文化水平的限制，其进行农业生态化的动机不明显，仍然停留在传统的耕作方式上，靠天吃饭。对于秸秆的处理仍以焚烧为主，没有也无力用更有利于增加土壤肥力、增加其附加值，创造农业收入的办法进行处理。

（二）技术体系不断完善

吉林省在实现农业生态化过程中，依据不同地区的生态环境及农

---

① 2001 年 12 月 1 日吉林省第九届人民代表大会常务委员会第二十七次会议通过《吉林省人民政府关于提请省人大常委会作出进行生态省建设决定的议案》，会议原则通过了《吉林省生态省建设总体规划纲要》。

业发展状况设计符合适合的生态化模式。冯桂玉在其硕士论文中将吉林全省依据地形地貌的不同特点划分为四个部分，如表6-3所示，东部长白山林区、中东部半山农林区、中部平原农业区和西部平原农牧区，分别占全省总面积的38.7%、14%、22.7%和24.6%。与这四个区域的特点相结合，设计不同地区农业生态化的具体模式。但这些模式的不同组成部分之间涉及较为复杂的关系，例如，在"稻—鱼—蛙"共生种养模式，为了在鱼塘中饲养鸭子，就要考虑鸭子的饲养数量，而鸭子的数量将受到水的交换速度、水塘容积、水体质量、鱼的品种类型和数量、水温、鸭子的年龄和大小等众多条件的制约。在一般情况下，农民们并没有足够的理论知识和经验对这一复合系统进行科学的设计，而简单地照搬另一个地方的经验也是非常困难的，往往并不能取得成功。在生态农业实践中，还缺乏技术措施的深入研究，既包括传统技术如何发展，也包括高新技术如何引进等问题。[①]

表6-3　　　　　　吉林省不同地区农业生态化的具体模式

	包含地区	主要特点	
东部长白山林区	延边朝鲜族自治州、白山市全部，通化市区及所属的集安市、柳河县、通化县	地貌类型以长白山地为主，是松花江、图们江和鸭绿江的发源地，森林、动植物资源、水资源、矿产资源和旅游资源丰富	"林（粮、果）—药"复合种植模式野生动物人工养殖业模式
中东部半山农林区	辽源市全部，吉林市的磐石市、桦甸市、蛟河市，通化市的梅河口市、辉南县	地貌类型以低山、丘陵为主，森林大部分为天然次生林和人工林；松花江的重要江段、"三湖"（白山湖、红石湖、松花湖）、东辽河的上游都位于本区，水资源丰富	"林—牧—渔"立体开发模式"稻—鱼—蛙"共生种养模式

---

① 雷志清、马志刚：《阻碍生态农业发展的因素》，《农业与技术》2005年第2期。

	包含地区	主要特点	
中部平原农业区	长春市的全部，四平市区及所属的公主岭市、伊通县、梨树县，吉林市区及所属的舒兰市、永吉县，松原市的扶余县	地貌类型以冲积台地为主，土质肥沃，气候条件较好，是全国重要的商品粮生产基地，但农业面源污染严重，土壤有机质含量逐年下降	"农—牧"结合型发展模式"林、果—粮"复合种植模式"林、果—畜禽"立体种养模式
西部平原农牧区	白城市全部，松原市区及所属的前郭县、长岭县、乾安县，四平的双辽市	地貌类型以科尔沁草原和向海、莫莫格、查干湖、月亮湖等湿地为主，是我国北方生态环境脆弱带的东部起点	"农—牧"结合型发展模式果业为主型发展模式草牧业为主型发展模式

资料来源：冯桂云著《吉林省农业生态化发展研究》，硕士学位论文，东北师范大学，2007年，第18—24页。

（三）农业生态化扶持政策力度加大

农业生态化必须要有政府的支持，政府运用财政补贴、税收等各种奖罚措施才能真正地普及和发展农业生态化。在政府的各项支持举措中，最重要的就是建立有效的政策激励机制与保障体系。虽然吉林省农业生态化近年有明显推动，省政府出台《吉林省农业生态化2018—2022发展规划》等文件，但对于这些文件的具体落实和贯彻执行，在省内不同地区还存在差异，还有许多值得完善的地方。由于政策领会不到位、执行力差，农民缺乏对土地、水等资源进行有效保护的主动性。

（四）农业生态化相关服务不断加强

农业生态化需要优质品种、幼苗、肥料、技术支撑、信贷与信息等各种服务，但从目前吉林省农业发展来看，有效、健全的服务体系尚未建立，无法向农民们提供切实有效的服务制约了农业生态化进程。如信贷服务对于许多地方生态农业的发展都是非常重要的，因为对于从事生态农业的农民们来说，盈利可能往往在项目实施几年之后才能得到，在这种情况下，信贷服务自然是必不可少的。除此以外，信息服务也是当前制约生态农业发展的重要方面，因为有效的信息服务将十分有益于农民及时调整生产结构，以满足市场要求，并获得较高的经济效益。

第七章

吉林省农业产业发展及结构
优化的对策建议

通过前述章节对吉林省农业及其各细分产业相关指标的分析，以及吉林省农业产业结构合理化、高级化和生态化相关内容的阐述可知，近些年来，在农业现代化和乡村振兴战略的推动下，吉林省农业在技术创新、信息化建设等方面获得了较快进展，但是，与山东、江苏等农业大省相比，还存在差距。

要实现绿色发展，在国民经济各产业中一直作为基础产业的农业应当排在首位。这就需要吉林省农业在产业发展与产业结构方面结合存在的问题进行进一步调整与优化。

第一节　吉林省农业产业发展及结构优化
过程中存在的问题

一　农业劳动力老龄化明显

近年来，吉林省人口外流现象明显，尤其是农村人口中的青壮年劳动力以升学、务工等形式到其他地区生活，其流向既有国内其他省份，特别是江浙、东南沿海一带，也有以出国劳务的形式外流到韩国、日本等其他国家和地区。在对长春、吉林、四平、通化等市、县的调研中发现，省内各地农村在农闲季节劳动力到邻近城市或其他地区打工或生活，农忙季节则返乡耕种、收割。随着农业机械化的推广，依赖于大量农业劳动力投入进行春种秋收的场景已不复存在，短期季节性返乡从事农业生产成为农村生产生活的特点之一。仍留守农村，从事农业生产的多是中老年人，农业劳动力老龄化日益明显。

老龄化的农业人口不能满足现代农业发展对劳动力的要求。随着人均国民收入水平的提高和产业结构不断优化，从事农业的劳动力逐步向第二、第三产业流动是产业结构演化的一般规律。在这种劳动力流动趋势下，仍从事农业生产的农业人口依靠技术和机械化操作以较高的劳动生产率提供其他产业所需的产品，并在此过程中实现农业内部的高级化发展。现阶段因农业劳动力不断外流导致的劳动力老龄化不利于农业新技术的推广使用、降低了农业企业的劳动生产率。

一方面，现阶段留守农村的劳动力大部分在年轻时没有系统地受过大学教育，甚至是初高中教育，劳动力整体素质不高。文化水平低的直接后果就是对农业新技术的接受、使用和推广能力差，农业劳动力主动学习农业技术的积极性受到影响，从而使农业生产技术对农业产出影响的作用减弱。同时因为年龄偏大，在接受新的农业知识和技术方面弱于年轻劳动力，尤其是利用电脑、智能手机等现代技术和手段进行知识普及和技术传递过程中，这些文化水平不高且年龄又大的老龄农业人口显然不具有优势，这对农业的技术推广、信息化建设等会产生一定影响。另一方面，众所周知，企业是最为主要的劳动力吸纳单位。农业企业既需要具备一定知识水平和技术创新能力的高层次人才，为企业开发新产品和新技术，同时也需要大量能够进行相对低端的生产工人进行产品的生产。吉林省现有的农业企业劳动力还不能充分满足农业企业的劳动力需求。通过对吉林省各地葡萄酒生产企业、食品加工企业及种植、养殖企业的调研发现，在这些农业企业中，大量劳动力的年龄在40—50岁，在农业生产型企业中，也存在着农业劳动力老龄化现象。这是由于许多农业企业仍属于劳动密集型企业，其劳动生产率低于技术密集型和资本密集型企业，企业的利润空间相对较小，即使是正常的薪资待遇，也低于其他类型的企业，较低的薪资待遇无法满足年轻人的生活生存需要，所以企业无法招到年轻劳动力，而招到的就业人员又因为年龄较大和文化水平的制约，给农业企业生产经营管理带来一定困难，同时也使企业的技术创新缺乏原动力。

二 生态保护意识有待加强

绿色发展强调的是对人与自然的和谐共生，是使生态环境得以保护和持续基础之上的发展。从社会大分工中分离出来的农业在几千年的发展过程中，虽与自然联系最紧密，却也对自然造成了严重的伤害，尤其是土壤的严重破坏。黑土地一直是我国东北地区，包括吉林省引以为傲和持续依赖的自然资源。吉林省生产的玉米、水稻、大豆之所以市场需求巨大，一个很重要的原因就是黑土地所孕育的植物的优良口感。然而，这一天然优势却由于片面追求农作物产量，对于不适合耕种的山区、林地、草场等的过度开垦，致使吉林省多地发生森林破坏、水土流失严重，也造成了黑土的流失和厚土层厚度的降低。据调查显示，从改革开放到今天，吉林省的黑土厚度减少了大约有0.3 米，而且正在以每年超过一亿吨的数量减少。黑土数量的减少和黑土层厚度的降低使吉林省内耕地中高产高质的农作物种植面积不断减少，这既影响了农产品的产量，也降低了农产品的质量。

更为严重的是，以黑土地为代表的土壤过度使用，致使耕地质量下降，而为保证农作物产量，化肥、农药等对土壤伤害巨大的化学用品被大量使用，这种过度消耗和过度使用化学物品，对土壤原有肥力造成严重损害。如前所述，吉林省每公顷土地施用化肥量基本保持在700 公斤左右，2014—2017 年每公顷施用化肥超过 700 公斤，2015 年达到最大值 744.6 公斤，2018 年降至 700 公斤以下，697 公斤。氮肥、磷肥和钾肥的施用量都呈现下降趋势，但是复合肥的施用量在不断增加。复合肥含有两种或两种以上营养元素，养分含量高、副成分少且物理性状好，对于平衡施肥，提高肥料利用率，促进作物的高产稳产有着十分重要的作用。但是复合肥营养成分比例固定，使用前如不能准确了解田间土壤的质地和营养状况，反而易造成土壤营养元素失调。近几年来，复合肥施用明显上升的趋势，使土壤营养元素失调的可能性加剧。一方面，化肥施用量过大，有机肥用量相对减少；另一方面，土地营养元素失衡。两者共同造成土壤性能趋于恶化，土地板结化严重，而且使生产出来的农产品存在重金属等有害物质超标的严重问题。[①] 这种短期功利、简单粗暴的农业生产方式和方法虽然在短期内对于提高作物产量作用明显；但从长远发展来看，将会对农业产生致命性破坏，当然更加严重的是威胁到人类的生存。如果持续这样下去，本来是国民赖以生存的农业却成为危害人身健康的直接第一杀手，其后果可想而知。

虽然近年来，吉林省通过采取一系列农业生产政策，化肥过度使用的状况已有改善，但多年的积习并不能使这一问题得到根本解决。农业生产对于生态环境的负外部性由于人为生产活动的改变表现得如此严重是不应该发生的。

更进一步地，农业是人类社会大分工之后最先出现的产业，是其他产业的基础，关系着国民经济其他产业的健康发展。由于土壤的被破坏，相应地，大气、水资源、森林资源都受到影响，整个生态系统的平衡被打破，也威胁到我们生存的环境。吉林省西部地区土地盐碱化问题非常严重，粗放式的、不科学的放牧方式，导致很多原有的草地都已经裸露出地表，大片草场被风沙覆盖，草场逐渐退化。不仅农户利益损害，更使吉林省的生态环境负担沉重，环境保护面临巨大挑战。

除此之外，由于农业劳动力的文化水平低，导致农民更关注由农业生产获得收入，而忽略了单纯由于逐利而对环境、生态甚至后代的影响。比如，虽然国家明令禁止种植转基因玉米，但由于转基因玉米虫害少，产量高，仍有农民不顾国家规定偷偷种植转基因玉米。

除生产环节上生态保护意识不强外，流通领域中也出现了超标农药化肥的农产品，一些没有经过检验的产品也投入市场中，对消费者的健康造成不利影响。例如，2020 年 12 月对长春市不同区的农贸市场、商超进行抽样检测，均检测出韭菜存在乐果等农药超标的情况。

---

① 倪锦丽：《吉林省东辽县耕地保护问题研究》，《吉林工程技术师范学院学报》2017年第 5 期，第 21 页。

由此可见，由不科学地"寅吃卯粮"式的农业生产将给农业自身、人类生存及生态环境产生不可预计的严重后果。

三 龙头企业整体实力不强、地区分布差异较大

农业企业是指通过种植、养殖、采集、渔猎等生产经营而取得产品的营利性经济组织。有广义与狭义之分。前者包括从事农作物栽培业、林业、畜牧业、渔业和副业等生产经营活动的企业；后者仅指种植业，或指从事作物栽培的企业。近年来，为实现乡村振兴，加快推进吉林省农业现代化、产业化，吉林省各级政府努力改善农业企业生产运营的软、硬环境。软环境方面，吉林省对农、林、牧、渔各细分产业提供各种补贴和优惠政策，为农业发展提供有利的政策扶持。通过改善农村交通条件，治理河流，加强农村村路等基础设施的建设，方便农产品的运输，降低农产品成本，为农业企业提供良好的硬件环境。截至 2020 年 5 月底，吉林省共有市场主体 249.645 万户，吉林省农业企业经过多年发展，正在由粗犷型发展向集约型发展转变，在吉林省农业及全省经济发展中发挥着越来越重要的作用。

（一）农业产业化龙头企业 500 强企业数量较少，占比较低

近年来，随着吉林省农业的不断发展，吉林省从事与农业相关的企业不断增多，涉及农、林、牧、渔等农业内部各细分产业。2019 年中央一号文件明确提出要"培育农业产业化龙头企业和联合体"。农民日报社启动第二届新型农业经营主体发展评价研究和排行工作，以 2017 年企业营收额作为农业产业化龙头企业评价指标，全国 31 个省（市、区）参加排名，入围门槛为 6.7 亿元，评选出"2019 农业产业化龙头企业 500 强"名单，农业产业化龙头企业 2017 年营业收入达到 100 亿元以上的企业有 62 家。吉林省共有 14 家企业入选。2018 年和 2019 年我国农业产业化龙头企业 500 强，主要参考营业收入和利润，按照 2016 年和 2017 年的营业收入进行排名。2018 年，吉林省有 10 家企业入围，2019 年，有 14 家企业进入 500 强名单，如表 7 - 1 所示。

我省近两年农业龙头企业发展较为迅速，从营收额和税后利润

看，整体实力增强。虽然进入 500 强的企业数目增多，但 2018 年进入 500 强的 10 家企业中有 8 家排名出现下滑，只有吉林德大有限公司挤进前 200 强，吉林吉春制药股份有限公司进入前 28 名。从 2019 年进入 500 强的 14 家企业来看，其整体排序比较靠后，说明吉林省农业龙头企业在全国农业龙头企业中的竞争力不强。代表性龙头企业少。①

表 7 - 1　　　2019 年农业产业化龙头企业 500 强吉林省部分　　（单位：万元）

2019 年全国排名	企业名称	营业收入	税后利润	2018 年排名
94	吉林省长春皓月清真肉业股份有限公司	548291.74	26474.07	84
116	修正药业集团股份有限公司	461478	63139.5	
165	吉林敖东药业集团股份有限公司	297677	184515	159
179	梅河口市阜康酒精有限责任公司	267618	21170	152
187	吉林华正农牧业开发有限公司	260371.36	3566.3	185
198	吉林德大有限公司	242459.45	8914.74	283
199	天成玉米开发有限公司	241597	3777	186
274	吉林省新天龙实业股份有限公司	171718	21049	268
355	吉林吉春制药股份有限公司	120471	35886	383
364	黄龙食品工业有限公司	114160	3165	344
407	长春博瑞农牧集团股份有限公司	93993.64	6527.78	
472	吉林福源馆食品集团股份有限公司	74938	4512	462
479	吉林省集安益盛药业股份有限公司	73303	3631	
486	通化万通药业股份有限公司	70248	19406	

资料来源：由作者依据"2019 农业产业化龙头企业 500 强"名单整理得出。

为贯彻落实《国务院关于支持农业产业化龙头企业发展的意见》（国发〔2012〕10 号）有关"完善重点龙头企业认定监测制度，实行动态管理"的要求，根据《农业产业化国家重点龙头企业认定和运行监测管理办法》（农经发〔2018〕1 号）的规定，2018 年 11 月 29 日，农业农村部组织开展了第八次农业产业化国家重点龙头企业监测

---

① 引自吉林省畜牧局办公室主任孙考取。

工作。经各省（区、市）初步监测、专家审核、全国农业产业化联席会议审定，北京德青源农业科技股份有限公司等 1095 家农业产业化国家重点龙头企业监测合格（名单附后）。其他企业因达不到规定标准和要求，监测不合格，不再具有农业产业化国家重点龙头企业资格。如表 7 - 2 所示，吉林省共有 42 家企业作为农业产业化国家重点龙头企业监测合格，在全部 1095 家企业中占 3.84%。吉林省龙头企业虽然发展迅速，但其与其他农业大省相比，其占比较低是不争的事实。

表 7 - 2　第八次农业产业化国家重点龙头企业监测合格名单（吉林省）

吉林敖东药业集团股份有限公司	吉林省德春农业集团股份有限公司
广泽乳业有限公司	吉林省长春皓月清真肉业股份有限公司
吉林省金塔实业（集团）股份有限公司	长春市佳龙农牧食品发展有限公司
梅河口市阜康酒精有限责任公司	吉林康大食品有限公司
吉林福源馆食品集团有限责任公司	吉林省良友集团有限公司
吉林德大有限公司	吉林市东福实业有限责任公司
吉林省阿满食品有限公司	吉林省新天龙实业股份有限公司
吉林华正农牧业开发股份有限公司	吉林华康药业股份有限公司
黄龙食品工业有限公司	吉林市汇宇食品有限责任公司
吉林省集安益盛药业股份有限公司	长春东北亚物流有限公司
天成玉米开发有限公司	通化通天酒业有限公司
通化万通药业股份有限公司	吉林省柳俐粮食有限公司
延边畜牧开发集团有限公司	吉林阔源牧业有限公司
吉林裕丰米业股份有限公司	吉林市宇丰米业有限责任公司
吉林卓越实业股份有限公司	延边众达禽业发展有限公司
修正药业集团股份有限公司	通榆县天意农产品经贸有限责任公司
大安市安大牧业有限责任公司	吉林省松江佰顺米业有限公司
长春市吉星实业有限公司	长春国信现代农业科技发展股份有限公司
吉林正方农牧股份有限公司	吉林吉春制药股份有限公司
吉林金翼蛋品有限公司	白山市林源春生态科技股份有限公司 *
吉林德翔牧业有限公司	吉林博泰农业科技开发股份有限公司

注：标注"＊"的为更名企业。

资料来源：由作者依据《第八次农业产业化国家重点龙头企业监测合格名单》整理得出。

（二）龙头企业地区分布差异较大

省级重点龙头企业分布不均，由表7－3和图7－1可见，2020年拟认定的吉林省农业产业化省级重点龙头企业共计75家，但分布不均，其中长春市和吉林市省级重点龙头企业共计41家，占比达54.66%。75家企业分布在全省10个市，通化市、松原市、延边朝鲜族州、梅河口市及通化市5个城市占全部10个城市的一半，龙头企业共计9家，占全部龙头企业的15%。

表7－3　　　拟认定2020年度农业产业化省级重点龙头企业名单　　　（单位：户）

长春市	22	吉林省农业投资集团有限公司、吉林省金沃农牧科技有限公司 吉林省牧硕养殖有限公司、长春禾丰饲料有限责任公司 吉林农安牧原农牧有限公司、辣小鸭食品有限公司 吉林省荣发生态农业开发有限公司、长春金荷药业有限公司 吉林隆源农业股份有限公司、长春市酿酒总厂 吉林谷麦王食品有限公司、长春市一品佳米业有限公司 长春市天怡温泉有限公司、农安县秋实种业有限公司 长春瑞禾商贸有限公司、长春市鹿乡华泰生物科技有限公司 吉林省北药药材加工有限公司、吉林正大食品有限公司 长春迪莉娅食品有限公司、吉林鸿基种业有限责任公司 吉林省金骏种业有限公司、吉林省坤圣园生态农业科技有限责任公司
吉林市	19	吉林凯骐食品有限公司、吉林国安药业有限公司 吉林市好小子食品有限责任公司、吉林北融食品股份有限公司 吉林省绿星米业有限公司、舒兰市林源祥食品有限公司 吉林骏骅农业有限公司、吉林嘉美食品有限公司 桦甸市川和食品有限公司、吉林市东升米业有限责任公司 磐石市金宇湖养殖园、舒兰市德生牧业有限公司 吉林得利斯食品有限公司、吉林中新正大食品有限公司 磐石市鸿翊禽业有限公司、吉林省卓轶健康产业有限责任公司 吉林市绿地粮油仓储有限公司、吉林市海峡食品有限公司 吉林省花海旅游股份有限公司
四平市	6	吉林省颐乐谷山水休闲养老庄园、四平荣盛粮食收储有限公司 伊通满族自治县天宝粮贸有限公司、伊通满族自治县绿科鹿业有限公司 伊通满族自治县西苇镇红光村德泽牧业小区、吉林双辽牧原农牧有限公司

通化市	3	通化三生农林开发有限公司、吉林云岭野山参科技开发有限公司 集安美的庄园酒业有限公司
辽源市	1	东丰县富源谷物有限公司
松原市	2	松原市美恒油脂科技有限公司、乾安县博瑞生态农业有限公司
白城市	10	镇赉县王氏禽业发展有限公司、镇赉县程记米业有限责任公司 镇赉县和合牧业发展有限公司、吉林好雨现代农业股份有限公司 洮南市幸福绿色食品开发有限责任公司、吉林通榆牧原农牧有限公司 吉林梅花氨基酸有限责任公司、白城天福粮油食品集团有限公司 大安市信达农业发展有限公司、大安市源源牧业有限公司
白山市	9	白山市裕达特产科技有限公司、吉林裕泰特产开发有限公司 抚松县参王植保有限责任公司、吉林春柏药业股份有限公司 靖宇县广源绿色饮品有限公司、吉林省靖发生物科技开发有限公司 吉林靖宇炳华中药开发有限公司、吉林炳华中药开发（集团）有限公司 长白朝鲜族自治县圣山阿里郎酒业有限公司
延边朝鲜族州	2	汪清百益生物科技有限公司汪清桃源小木耳实业有限公司
梅河口市	1	梅河口市长兴源农业科技发展有限公司

资料来源：由作者依据吉林省农业农村厅网站资料整理得出。

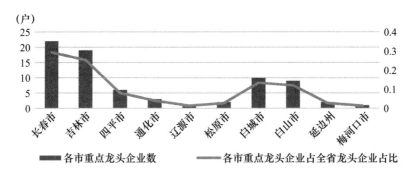

图 7-1　2020 年吉林省各市拟认定省级重点龙头企业数量及占比

资料来源：由作者依据吉林省农业农村厅网站资料整理得出。

龙头企业以其较强的影响力对于产业内其他中小企业具有明显的示范效应和引领作用，带动产业内众多中、小、微企业的发展，因此龙头企业的发展对于产业发展至关重要，尤其是在农业产业发展过程中表现得更为明显。从目前来看，吉林省农业龙头企业带动能力不强，农产品精深加工程度不高，导致农产品转化能力较低，绝大部分产品还处在简单加工包装阶段，具有品牌效应的名优特产品和拳头产品较少。而且由于规模小，龙头企业带动能力不强，知名度低，加之部分龙头企业不讲信誉，农户利益得不到充分有效的保证，使农户对龙头企业缺乏信任。

吉林省连续在三年进入农业产业化龙头企业 500 强的企业数目在全国占比较低，且排名下滑，且各地区龙头企业分布极不均衡，不能从整体上带动吉林省其他农业企业的发展，这导致吉林省龙头企业的发展难以在总体上形成合力。

除上述最为主要的问题外，还存在着政策执行不到位，政策效果差别较大的问题，其原因主要有以下几个方面：一是部分县、乡、村不同层级工作人员对政策了解不透彻，不能够因地制宜、因势利导，只是机械地完成任务；二是部分农业生产单位（农业企业、农户）对于财政、税收相关农业政策不了解，不能充分利用政策实现自身收益的最大化，甚至存在国家的政策福利"不用白不用"，造成财政资源浪费；三是人大、财政、审计等监管主体职责边界不清、监管机构之间配合不够协调、监管责任落实不够到位，部分地方政府未按规定对财政农业支出进行统计考核，资金分配、使用和管理不够规范。

第二节　发达国家农业发展及结构优化的经验与启示

自 18 世纪 60 年代工业革命在英国发生，英国最早开始工业化至今，美国、日本、韩国先后于 1955 年、1972 年和 1995 年实现了工业化，与工业化发展相伴随的是这些国家农业的快速发展。虽然这些国家包括欧洲一些国家在内的农业在发展过程中也出现过化肥的滥用、DDT 等农药的过度使用，进而对自然环境产生了较为严重的负面影响，但这些发达国家意识到问题的严重性，并依赖于工业化带来的先进的科学技术的发展，美日韩及部分欧洲国家的农业已经处于世界先进水平，实现了农业现代化，为世界其他国家农业发展提供了可以借鉴的经验。在绿色发展的背景下，发达国家农业更加注重生态与环保，从而有利于本国的可持续发展，这对于吉林省的农业发展与结构优化有着重要的借鉴作用。

一 吉林省农业与发达国家农业存在的差距

（一）发展观念仍相对落后

农业在几千年的发展过程中，提供粮食等农副产品，满足人类生存和发展对食物的基本需求，为国民经济各产业发展提供需要的原材料，保障国家的食品安全，并通过不同国家之间的贸易往来，获得经济效益。这是人们对于农业作用的最基本认识，也是农业的经济功能。随着社会的发展，农业还表现出其他功能，即为社会提供劳动就业机会和社会保障，促进社会发展的社会功能；"家中无粮心里慌，国家无粮必自乱"，"无农不稳，无商不活"的政治稳定功能；保护文化的多样性以及教育、审美和休闲等的生态功能等。农业的经济功能、社会功能、政治功能和生态功能的相互依赖、相互促进才使农业在国民经济体系中发挥着举足轻重的作用。

发达国家较为充分地体现了农业的综合功能，在提高经济功能效应，着力发挥生态功能与社会功能等其他功能。吉林省农业发展中传统农业观念仍是广大农民的主要表现。认为农业就是生产农产品的产业，农业的主要功能是经济功能，对于农业的生态功能和社会功能、文化功能等则相对忽略。即使是经济功能，如以农业为依托的观光农业、体验农业、教育农业等发展水平也有待进一步提高。

（二）农业技术推广的普及度不够

从美国、日本、欧洲及以色列的农业发展可见，以生物技术、灌溉技术为代表的农业科学技术在农业生产中得以全面推广，遍及农业生产中的各主要领域，并切实提高了农产品产量和农业生产效率，农业技术的应用性强、普及范围广。近年来，吉林省农业技术研发中也不断有农作物新品种出现，以适应不同自然条件的需要，产量也在不断提高。但总体来看，各类农业技术水平与发达国家仍有差距。用车拉水灌溉的传统农业灌溉技术在使用，而滴灌的技术并未广泛采用。

（三）农民组织化程度相对较弱

农民组织对于农业生产率的提高有着重要的推动作用。日本、以色列等农业发达国家均有不同形式的农业组织存在。我国农业组织一般有传统户、大规模农户、农民合作社及农业公司四种形式。2018年，吉林省共有426.22万户农户，乡村人口数1460.63万人。农户、农民合作社是吉林省农村常见的农业组织。此外，家庭农场、农业企业也是近年来越来越多的组织形式，整体看，吉林省农业组织化程度低，合作社的作用没有充分发挥。

（四）管理水平及管理手段存在差距

国外对农业的宏观管理主要以法律手段、经济手段及有限度的行政手段为主，而吉林省目前仍以行政手段为主，法律和经济手段的作用空间有限。企业的微观经营管理相对粗放，管理水平较低，生产效率较为低下，企业抵抗市场风险的能力差，而发达国家推行的集约化管理，大大提高了农业的劳动生产率，降低了劳动成本，农业产出也大为提高。

（五）社会化服务程度存在差距

发达国家有一整套为农业服务的技术体系、社会福利保障体系，这为提高农业生产效率，增加农业收入提供了有效保障。吉林省的社会化服务体系还不健全，社会化服务程度在不同地区表现有较大差异。

二　发达国家农业发展对吉林省农业的启示

（一）大力发展农业科技，充分发挥科技的创造力

从农业发达国家的实践经验可知，在没有优越的农业自然生产条

件的情况下，科学技术对于本地区农业的发展起到了重要的推动作用。通过科学技术实现农业资源的高效利用，同样可以创造出高产量、高产量的农产品。吉林省农业资源相对丰富，但由于多年的乱砍滥伐、过度放牧、滥用化肥及人为因素的破坏，导致了土壤质量下降，因此需要保护和改良土壤，优化农作物品种，提高土地生产率，促使农业生产向优质、高产、高效方向发展。以色列的高效、低量、低毒农药和防扩散污染技术和施药机械，化肥深施技术和机械，免耕作业机械及成套设备等，美国的生物技术大大提高了农作物抗病能力，提高了农作物产量，就足以说明坚持科技是第一生产力，才能使农业走可持续发展之路。

开发研究农业科学技术，强化政府投入是必要的。政府重视研究与开发，科研与生产实际密切结合，政策措施与市场机制并举，这是以色列农业的发展机制。目前吉林省应强化政府投入，发挥政府的作用，加大财政投入，通过项目倾斜和改善生活、研究、待遇条件，鼓励科技人员解决农业生产中的基础问题和技术瓶颈。同时，动员高校和科研院所将农业技术进一步落实落地，继承和改造传统农业，发展知识密集型的现代农业。

（二）促进农业生产全面机械化

吉林省有山地、丘陵、平原等多种地形，传统的耕作方式是无论哪种地形基本都以人力和畜力为主要耕作手段，不利于农业劳动生产率的提高。多年来的家庭联产承包责任制在提高农民生产积极性的同时，也形成了农村土地的条块分割。随着越来越多的农民进城务工，留守的老年农民无力耕种，土地撂荒现象时有发生。条块分割的土地不利于大型农业机械设备的使用。借鉴美国、日本经验，通过土地的有偿流转，促进土地适当集中和规模经营。近年来，吉林省开始加速农村土地的流转，通过土地确权，将土地集中连片，形成标准农场后，将土地租给有经营能力和一定经营规模的农民或农业企业，可以将大型农业机械设备应用于农业生产，从而改变吉林省人力、畜力为农业生产主要动力的局面。这种集中连片的耕作方式适用于吉林省中西部平原地区。而对于坡地、丘陵等不易进行大型农机具操作的土地，则依日本的经验，开发和生产适应家庭小规模生产的小型、自动化程度高的农业生产设备和农机具，为土地的精耕细作创造条件，为提高土地产出率提供坚实的物质基础。

农业的全面机械化推广也迎合了吉林省农民老龄化、农业空心化和农业兼业化的现实。加大自动化农机装备替代人工是未来实现农业现代化的重要工具。

（三）提高农业从业人员综合素质，逐步实现农民职业化

现代化农业对农业从业人员提出了更高的要求。这种高要求不再是传统的能够进行体力劳动即可，而是要能够掌握农业先进科学技术的高素质农业从业人员。但从目前看，吉林省农民的文化程度较低，大多数农民只具备初中和小学文化，而且农民老龄化现象日益明显。文化程度低将在很大程度上阻碍农业现代化的实现。可借鉴发达国家经验，通过对包括农民在内的农业从业人员进行包括法律、技术、职业道德等方面的全方位职业培训，提高农业从业人员综合素质，才能从根本上为农业的可持续发展提供人力保障。

第一，成立农业职业培训机构。建立包括高等、中等农业教育和农民职业培训为主的完善的农业教育体系，对现有农业从业人员进行职业培训，形成一个不同层次、不同门类、专业和技能较为齐全的职业培训网络。吉林省农村人力资源不足、从业人员文化水平较低，职业水平欠缺，在农业培训机构的设立方面，可以通过政府、院校、企业、社会团体等多方合作成立专业培训机构，甚至可以充分发挥信息化优势，大力开展远程线上培训平台。如新冠肺炎疫情期间，就通过线上远程开课，不间断地对农业从业人员共同进行职业化培训。对于农业从业人员的教育投资需要的经费可以通过法律，由财政进行相应拨款。以色列农业职业技术培训已经有 70 多年的历史。以色列农民中大学以上文化程度的占 47%，其他至少是高中文化程度，能较快掌握农业新技术，每个农业科研人员都是某一方面的专家。吉林省要发展现代化农业，就必须重视科技的力量，注重培养现代化的农业科研人才，让科技切实服务生产。

第二，建立农业职业资格认证体系。现代化农业要求农业从业人

员提出了脑力和体力的双重要求，尤其是绿色发展背景下，农业从业人员必须形成对环保的认知，因此有必要对从事农业经营者提出一定的资格要求。通过认证体系，对农民从事农业生产和经营管理的水平进行鉴定。农民必须接受职业教育，取得合格证书，才能享受国家补贴和优惠贷款，取得经营农业的资格。

（四）加强信息化建设，提高农业生产的产前、产中、产后的效率与效益

现代化农业不再是劳动密集型产业，通过网络和其他技术的采用，在不断降低人工的情况下实现农业的生产运营，信息化建设将在其中发挥重要的作用。以色列农业信息化经验值得吉林省借鉴并推广。以色列设施农业中大多是一台电脑管理几十个温室环境自控、水费一体化控制、植物生长数据收集等，运营成本很低，管理效率却非常高。以色列从种植到采收到深加工及保鲜包装基本实现了全程自动化和信息化。农业信息化要以投入产出为设计原则，必须从提升管理，增加效益出发，发挥互联网、物联网穿越时空优势，监控管理植物本体模型、动物生长情况跟踪，这些数据收集与反馈智控生产环节，提高产量和质量才是信息化建设核心。

（五）建立服务型农业组织，完善农业服务体系

现代农业生产越来越要求规模化，农业的产前、产中和产后都需要资金、技术和人力等各类资源的投入，有效的服务型农业组织将能很好地推动农业生产的顺利进行，降低农业生产成本，提高生产效率。

以色列区域性农业科技服务机构，在以色列农业科技推广中发挥了重要作用。区域性是根据全国各地区农业资源气候环境及农业经营内容，把农业科研部门的新技术新产品及时推广给农业经营者，随时随地提供水土检测、栽培指导、质量品控等服务。区域性农业科技服务成为"农民科技之家"。除了技术服务，农业还需要相应的金融服务、法律服务等。对于产后的销售和加工服务也是必需的。美国的非营利的农业合作社会提供的销售和加工服务、供应服务、信贷服务等都可以降低农业生产成本。建立和完善农业协会等各类农业组织和平

台，促进农民之间的交流与合作。近几年，尤其是 2020 年新冠肺炎疫情暴发后，快手等各类直播平台为农产品的供给和需求建立了有效的沟通平台。现代化农业的发展需要供给方之间、需求方之间、供给和需求之间都要建立有效的信息沟通平台，实现农业信息的充分流动，才能降低农业生产成本，提高农业生产收益，对农业生产和经营模式进行有效创新。①

（六）制定积极的战略性的节水政策

水资源短缺是未来人类发展必须面对的重大生存问题。而农业生产又需要大量的水资源，吉林省水资源并不丰富，可以借鉴以色列的节水政策，帮助吉林省农业实现绿色可持续发展。以色列的土地半数以上属于半沙漠地区，土地贫瘠和缺水成为以色列农业发展的两大难题。政府针对这两大难题，制定了在保护环境的同时，提高水的利用率、提高农业生产率和开发盐水与再生水灌溉管理体系两大总体发展目标的积极政策，建立全国输水工程，大力发展微灌技术，改造受损土壤，为集约耕种提供了稳定可靠的资源。吉林省水资源在 8 市 1 州中分布不均，绿色发展和全球气候极端情况不断出现的情况下，大力发展节水农业是必然趋势，应一切从实际出发，应尽快制定鼓励各地结合本地区实际发展节水农业的相关扶持政策，走多元化发展之路。

第三节　推动吉林省农业发展和结构优化的对策

从吉林省农业发展和结构优化存在的问题以及发达国家农业发展经验可见，这些国家在农业的技术创新、生产方式的转变以及资金支持等方面采取的具体做法，都有利于实现农业的可持续发展，都与绿色发展理念相统一。吉林省在农业发展过程中也应当以绿色发展为前

---

① 邓汉慧等：《发达国家农业现代化经验对我国农业发展的启示》，《农业经济问题》2007 年第 9 期。

提，制定切实可行的发展对策，才能从长远的角度真正实现吉林省农业的可持续发展和产业结构的优化。

一 提高农业劳动力质量与素质

从经济学角度分析投入和产出的关系，劳动力与资本、土地、技术和企业家才能等其他生产要素共同作用并影响产出。在产业和产业结构向合理化、高度化、生态化发展的过程中，对于劳动力不仅体现出数量的需求，更注重劳动力的质量与素质。上述经济学研究的结论对于农业产业发展与结构优化同样适用。现阶段以及未来一段时间内，吉林省农业发展和结构优化对农业劳动力既需要一定数量的劳动力满足农业生产的基本投入需求，更需要具备一定农业职业素养的劳动力以满足农业实现可持续发展和产业结构优化的需要。

近几年，吉林省农业劳动力的老龄化使农业发展对于劳动力的数量与质量的需求都无法得到满足。这种老龄化与我国人口整体老龄化和吉林省人口外流等因素密切相关。在农业劳动力老龄化趋势日益明显的情况下，采取办法留住青壮年劳动力，或者让现有的农业劳动力提高劳动素质与质量，是解决当下农业发展中劳动力供给和需求不协调，进而影响农业产业结构优化首先要考虑的问题。

一方面可通过快速发展吉林省经济，延伸农业产业链，让农村的外出务工者可以不用通过出省或出国从事其他行业，而是留在农村，从事农业生产，也可以增加收入，改善生活状况来实现，这种做法可以留住农业发展需要的劳动力，减缓人口外流的趋势。

另一方面对现有的农业劳动力，要通过职业培训、技术培训等多种方式提高劳动力的质量和素质，培养具有职业素养的现代农民。农业发展与结构优化的过程就是要改变以人力为主的手工劳动方式和直接经验为基础的旧的传统的耕作方式，用现代最先进的科学技术装备来武装农业，实现农业机械化、电气化、水利化、化学化，从根本上大幅度地提高农业劳动生产率和商品率。在现代农业中，农民的身份不再是"考不上大学就回家种地"这种传统认知，而是以一种职业存在，这就需要农户、农民改变传统的小农思想和固有观念，加强自身学习，同时政府要增加对农村的智力投资和科技投入，农民以具备一定的文化知识为基础，加强农村基础教育和农村职业技术教育，通过参加专业技能培训，提高作为农民的职业素养。在绿色发展和数字经济发展的背景下，农民的职业素养还要包括对生态环境的认识和对现代技术手段的掌握。农民要学会使用现代技术手段，成为互联网网民。农户和农民借助网络平台，一方面，可以加强对农业相关知识和相关文件的理解，学习农业技术和农业基础知识；另一方面，不仅会生产、耕种，还要会利用互联网，展示、销售农产品，为农产品打开市场。

二 加强宣传教育培养环保意识

农业要获得持续发展，首先要做到与自然和谐共生。农业内部的种植业、林业、牧业和渔业各细分产业，无论是在初级阶段还是高级化阶段，都不能完全切割与阳光、水、气候、土壤等的联系。对农业领域的从业者进行生态环保意识的培养，做到人与自然、农业与自然的共生共存，才能实现农业的绿色可持续发展。需要具备生态环保意识的主体包括：农业政策的制定者、农业领域的政府工作人员、农业科研院所的技术研发人员和推广人员、涉农企业的企业家与员工、广大农户（农民）等。近年来，农村的秸秆不再以焚烧的方式进行处理是农业环保意识增强的一个重要表现。这表明从政策层面和宏观层面已经开始表现出对农业生态保护的重视。

在绿色发展背景下，还要进一步加强农业生态保护的宣传教育，并制定相应的法律法规，对于违背生态保护的做法进行行政、甚至刑事的处罚，才能有利于农业环保观念的形成。通过多种宣传媒介，以通俗易懂的方式，宣传生态经济学知识，针对吉林省耕地、水资源、植被等农业发展的具体情况，让广大农民认清滥用化肥农药、破坏植被等粗放经营造成环境污染、生态恶化等后果的严重性和长期性。要积极创造条件举办各种培训班、辅导班和讲习班，组织有关人员到农业可持续发展的典型示范点、示范区参观学习，重点宣讲可持续发展理论和生态农业知识，逐步提高广大农民的生态环保意识，使其成为农业生产相关主体的共识和自觉行动。要在财政支出中设立专项资金，投入一定的人力、物力和财力，对农业生产中可能对生态环境造成影响的行为（如化肥、农药的使用等）进行持续的监督，对产生负外部效应的行为进行严厉惩罚，对正的外部效应则进行奖励和补贴。

三　增强农业龙头企业竞争力

农业企业是现代农业发展的重要生产单位，对于农业生产模式的创新、农业产出的增加，农产品附加值的提高均发挥着越来越重要的作用。因此，要增强龙头企业的竞争力，发挥其带动作用。

（一）加强企业家队伍建设

企业家才能是经济学家认为的劳动、资本、土地传统三要素之外的第四种生产要素。通过企业家的才能更好地组织生产要素，从而更有利于企业利润最大化的实现。农业产出的增加当然也离不开农业企业的企业家及其才能的发挥。在绿色发展背景下，农业发展和结构优化需要农业企业的企业家和经营者，尤其是龙头农业企业的企业家不能只以利润为先，更要具备环保意识，同时对投资大、纳税多的企业经营者在经济上给予奖励，在政治上给予应有的地位和荣誉，依法保护企业家和经营者的合法权益和财产安全；要利用优势的资源、优惠的政策和优厚的回报，吸引外省企业家到吉林省创办企业，开发农业。要加快培养吉林省本土的企业家群体。鼓励和扶持专业生产大户、经营大户逐步转变为农民经理，为培养新型企业家提供练兵场。通过上述努力，充分发挥企业家才能在农业投入与产出中的作用，推进农业发展。

（二）推进农业龙头企业的科技进步和科技创新

创新对于农业产业结构的高度化作用重大。随着农业与其他产业融合的不断深入和农业产业链的延伸，涉农企业的范围远大于传统对农业企业的定义。涉农企业尤其是龙头企业的科技进步和科技创新是推动农业发展与产业结构优化的重要支撑。要大力支持农业龙头企业与科研院所结合，加强良种繁育基地、国家农业科技示范园区建设，支持生物农业、新型种苗、农药、兽药、肥料、转基因、胚胎繁育等高新技术的研究开发，利用计算机、大数据、云计算等平台和手段创新龙头企业的经营管理模式和销售模式，并带动其他中小微涉农企业，发挥技术在不同环节的外溢效应，降低涉农企业成本，提高其效益。

（三）多渠道筹集企业发展资金

建立扶持农业发展的专项资金，支持龙头企业的发展壮大。在税收、资金等方面给予必要的扶持，给予农业龙头企业所得税减免、增值税减免、出口退税和其他税收优惠的税收政策，积极给予贷款支持，贷款期限要力求合理，贷款利率按国家有关规定执行。引导龙头企业积极利用资产重组、控股、参股、兼并、租赁等多种方式扩大龙头企业规模，增强企业实力，不断壮大有发展前途的龙头企业规模，提升其在国内外市场的知名度和竞争力，增强其对全省农业的辐射带动作用。[①]

四　优化农业内部产业结构

在绿色发展的背景下，充分利用各细分产业的特点和优势，通过适当调整，实现细分产业之间的合理化和产业本身的高度化发展。

吉林省农业各细分产业中，种植业和牧业占农业总产值的95%以上。种植业生产中对土壤的需求、化肥农药的投入需要消耗土壤肥力，造成土地板结，牧业生产，特别是养殖业，易造成对草场的破坏，这些可能对自然形成负外部效应，需要在种植业和牧业的生产中注意种、养殖方式的调整与规范。在种植业内部进行种植结构的适当调整。继续发挥黄金玉米带的优势，突出玉米种植的优势地位，并通过技术创新，延长玉米产业链，提高玉米的附加值。要避免种植结构单一，除玉米外，适当增加水稻、大豆和各类杂粮的种植，丰富和改

---

① 孟庆珍：《吉林省农业产业化龙头企业发展存在的问题及对策》，《农业科技学院学报》2009 年第 1 期。

善种植业结构。近年来，牧业在吉林省农业的产值比重不断上升，超过种植业，在各类细分产业中占比最大。应大力开发国内外市场需求，培养龙头企业，着力发展肉类产业，提高肉类品质，对生猪、肉鸡、肉牛和肉羊等肉类产品不断提高质量，打造品牌，开发国际市场，使其成为吉林省农业发展的重要支柱产业。林业和渔业本身则与生态和环境保护有着天然联系，在绿色发展背景下，在充分发挥林业和渔业对空气、水源等生态环境正外部效应的同时，以绿色发展为主题，开展林下经济、突出查干湖、松花湖等水生产特色，实现林业和渔业对农业发展的贡献。

五 强化政策执行力度，注重政策效果

农业在国民经济各产业中居于基础性地位，农产品属于基本生活必需品，因此农业不同于其他产业，需要国家以一定的政策加以引导和扶持，以保证农业生产的积极性和农业的发展。农业政策的制定要坚持以下三个原则，即统筹兼顾与重点突出相结合、持续性与弹性相结合，以及可操作性。鉴于农业在国民经济中的地位，农业的生命周期比其他产业更加平缓、漫长，上述政策制定原则可以保证农业实现可持续发展，与农业生命周期的特点相符。

政策的制定者是人，政策的具体落实者也是人。农业政策的具体落实需要到人、到户，这就要求农业相关工作人员与农户、农民、农业企业直接沟通、接触。农村地域范围广，部分农村偏远地区，交通条件不便，当前农业人口老龄化、部分农民文化水平低，对于农业相关政策文件的解读能力较差，对于现代技术手段的接受能力差，需要与农业有关的工作人员极大的耐心与较强的工作能力。

近年来，为加快推进乡村振兴，率先实现农业现代化，吉林省针对农业项目、农、林、牧、渔各细分产业、农业企业都出台了大量的惠农政策，财税支持力度不断加大，加强财政监督，可提高农业财政支出效果，优化农业财政资源，避免浪费。充分发挥人大、财政、审计、农业管理部门以及社会民众、新闻媒体的监督管理职能，构建财政监督的多元化、全方位体系。进一步简化财税优惠政策的审批程

序，使财政资金能切实落地，税收优惠真正能减轻农企负担。同时，要注意财政资金的浪费，对于不符合农民实际需求的财政扶持项目，可以通过灵活变动的方式进行处理。[①]

[①]　温思美、张乐柱、许能锐：《农村基础设施建设中的财政资金管理研究》，《华南农业大学学报》（社会科学版）2009 年第 1 期。

参考文献

北京师范大学科学发展观与经济可持续发展研究基地、西南财经大学绿色经济与可持续发展研究基地、国家统计局中国经济景气监测中心：《2012 中国绿色指数年度报告：区域比较》，北京师范大学出版集团 2012 年版。

北京师范大学科学发展观与经济可持续发展研究基地、西南财经大学绿色经济与可持续发展研究基地、国家统计局中国经济景气监测中心：《2010 中国绿色指数年度报告：省际比较研究》，北京师范大学出版集团 2010 年版。

陈金林：《我县畜牧业发展的现状》，《兽医导刊》2020 年第 11 期。

陈沫：《加快林业现代化建设步伐》，《吉林日报》，2018 年 5 月 2 日。

陈沫：《转型升级提质增效》，《吉林日报》，2014 年 9 月 25 日。

陈亚娟、苏志浩：《谈廊坊农业向集约型经济发展的可行性》，《商业时代》2010 年第 10 期。

邓汉慧、邓璇：《发达国家农业现代化经验对我国农业发展的启示》，《农业经济问题》2007 年第 9 期。

冯超：《新农技助推农业现代化》，《吉林日报》，2018 年 10 月 19 日。

冯桂玉：《吉林省农业生态化发展研究》，硕士学位论文，东北师范大学，2007 年。

高锦杰：《吉林省林业产业投融资问题研究》，《山西农经》2016 年第 7 期。

胡博：《浅谈吉林省新时代促进种植业发展主要措施》，《中国农技推广》2020 年第 1 期。

吉林省地方志编纂委员会：《吉林省志》，吉林人民出版社 2004 年版。

吉林统计年鉴委员会：《2020 吉林统计年鉴》，吉林电子出版社有限责任公司 2021 年版。

吉林统计年鉴委员会：《2018 吉林统计年鉴》，吉林电子出版社有限责任公司 2019 年版。

吉林统计年鉴委员会：《2019 吉林统计年鉴》，吉林电子出版社有限责任公司 2020 年版。

雷志清、马志刚：《阻碍生态农业发展的因素》，《农业与技术》2005 年第 2 期。

李秉龙、薛兴利：《农业经济学》（第 3 版），中国农业大学出版社 2015 年版。

李凯：《论产业结构的优化》，《山西财经学院学报》1997 年第 6 期。

刘建君：《吉林省渔业发展概况》，《吉林农业》2014 年第 8 期。

吕明元、陈维宜：《产业结构生态化：演进机理与路径》，《人文杂志》2015 年第 1 期。

孟庆珍：《吉林省农业产业化龙头企业发展存在的问题及对策》，《农业科技学院学报》2009 年第 1 期。

苗忠、彭程：《集约型农业中物联网技术应用探索与研究》，《价值工程》2012 年第 31 期。

倪锦丽：《吉林省东辽县耕地保护问题研究》，《吉林工程技术师范学院学报》2017 年第 5 期。

任林举：《吉林"黄金玉米带"是荣耀的王冠，还是沉重的翅膀?》《黑龙江粮食》2017 年第 6 期。

赛娜：《论海南岛与台湾岛渔业产能区域经济对比研究》，《财经界》（学术版）2012 年第 8 期。

司翼：《中国财政农业支出优化研究》，博士学位论文，东北财经大学，2018 年。

苏东水：《产业经济学》（第五版），高等教育出版社 2021 年版。

孙季萍、郭晓燕：《价值分析方法评析——与实证分析方法对比的视角》，《襄樊职业技术学院学报》2006 年第 6 期。

汪霞：《长三角地区产业结构变迁的就业效应研究》，硕士学位论文，华东师范大学，2014 年。

王波：《设施农业成为农村经济发展的方向标》，《农业技术与装备》2009 年第 16 期。

王金南、曹东、陈潇君：《国家绿色发展战略规划的初步构想》，《环境保护》2006 年第 6 期。

王耀祖：《绿色发展理念下大同市经济转型发展研究》，硕士学位论文，西北民族大学，2019 年。

王予修、赵广欣：《聚深化改革之力　推动高质量发展》，《吉林日报》，2020 年 8 月 31 日。

温思美、张乐柱、许能锐：《农村基础设施建设中的财政资金管理研究》，《华南农业大学学报》（社会科学版）2009 年第 1 期。

吴伟进、梁懂平、梁爽等：《农业经济学》，湖南人民出版社 1999年版。

杨多贵、高飞鹏：《绿色发展道路的理论解释》，《科学管理研究》2006 年第 5 期。

杨光：《外商直接投资对吉林省产业结构的影响及对策研究》，硕士学位论文，东北师范大学，2011 年。

张蕾：《浅淡玉米深加工面临的问题及对策》，《黑龙江科技信息》2011 年第 6 期。

张力军：《"五大举措"凝心聚力推进农业现代化》，《吉林日报》，2019 年 10 月 15 日。

章勇：《北增南减　牛羊大省领跑全国》，《中国畜牧兽医报》，2019年 9 月 14 日。

赵玉林：《产业经济学原理及案例》（第四版），中国人民大学出版社2017 年版。

周振华：《论现代经济增长与产业结构优化》，《财经研究》1990 年第6 期。

朱禾：《论自然辩证法与我国农业可持续发展》，《乡村科技》2020 年第 6 期。

Xingwei Li, Jianguo Du and Hongyu Long,"A Comparative Study of Chinese and Foreign Green Development from the Perspective of Mapping Knowledge Domains", *Sustainability*, Volume 10, Issue 12, 2018, p. 4357.

后　记

　　我的主讲课程之一是《产业经济学》，多年来在讲授这门课程的过程中，掌握了中国及包括吉林省在内的部分省份的农业发展的相关数据与资料，也一直在思考吉林省的农业发展问题。同时，在进行相关课题的研究中，也深入思考吉林省产业结构与人才供给关系的问题。作为东北老工业基地的重要组成部分，吉林省近年的经济发展并不乐观，在农业发展及产业结构优化过程中也存在许多问题。2016年，中国提出绿色发展战略，对于吉林省农业来说，既有机遇又有挑战，这一切都促成了本书的写作的动机。

　　对于吉林省农业的各类文献较多，但相关的著作较少，文献也较为陈旧，对吉林省农业近年来的发展从纵向、横向、产业结构内部、与其他产业之间等进行分析，涉及较多数据的支撑。这对本书的写作是一个极大的挑战。

　　本书由王金翎撰写第一至第七章，于春荣教授对本书的写作提供了非常有价值的建议和重要支持。本书在写作过程中，参阅和参考了国内外许多学者和专家的相关著作、论文、报告、资料及观点，在此向这些学者和专家表示诚挚的感谢。

　　本书的出版，得到了中国社会科学出版社的理解与大力支持。

　　本书在写作过程中得到了许多人的帮助，感谢我的学生提供了许多关于吉林省农业发展的资料与数据，感谢我的同学在写作过程中给予的思路上的启发，同时也感谢家人的支持。

　　由于学术水平和写作水平有限，时间仓促，本书在对绿色发展背景下吉林省农业产业发展与结构优化的许多问题尚需进一步讨论，可能会出现些许错误，不妥之处在所难免，敬请各位同行和读者批评、指正，提出中肯意见。本书中对于引用的文献和标注，遗漏和不规范之处在所难免，也请同行或相关人士给予指导，深表感谢。

王金翎

2020 年 12 月于长春